Signaux faibles
mode d'emploi

Philippe CAHEN

Préface d'Érik Gendre-Ruel

Signaux faibles mode d'emploi

Déceler les tendances
Anticiper les ruptures

EYROLLES

Éditions d'Organisation

Éditions d'Organisation
Groupe Eyrolles
61, bd Saint-Germain
75240 PARIS

www.editions-organisation.com
www.editions-eyrolles.com

Sommaire

Préface

Préfacer un ouvrage est un exercice pour lequel je n'ai pas un réel penchant.

Lorsque Philippe m'a proposé la préface de son ouvrage, j'ai aussitôt dit oui…

Deux raisons essentielles à cela, d'une part la personnalité et j'allais dire la constance et la sensibilité de Philippe pour cette matière ingrate mais ô combien passionnante « les signaux faibles » et d'autre part, ma passion pour tout ce qui est prospective, stratégie, innovation, analyse du probable et bien entendu les signaux faibles qui balisent ces perspectives. Une des composantes du radar de l'innovation.

Du plus loin que je me souvienne, j'ai été bercé, voire biberonné par l'idée de ce que les gagnants sont des visionnaires.

Et que les visionnaires sauraient inventer, innover, car s'ils savent imaginer, ils disposent aussi d'un énorme bric-à-brac… les signaux faibles.

Que Philippe veuille bien me pardonner ce qualificatif de bric-à-brac, indispensable pour que naisse, dans le chaudron de l'innovation, cette richesse dont a besoin l'entreprise.

À cet égard, Philippe nous dit : « L'intérêt du signal faible est dans ce qu'il déclenche en nous. Donc le signal faible est à la source d'un processus mental qui nous fait penser plus loin tant en amont de la pensée – sur les causes, le pourquoi – qu'en aval de la pensée – sur les conséquences, le "que va-t-il arriver ?".

Le processus de départ est très rapide, intuitif. C'est lui qui alors identifie le signal faible. »

Où l'on voit bien qu'il s'agit d'être visionnaire… penser plus loin tant en amont qu'en aval. « Si j'ai vu plus loin que les autres, c'est parce que je suis sur les épaules de géants », disait Isaac Newton.

J'ai aimé également le titre de cet ouvrage *Signaux faibles, mode d'emploi* car trop souvent telle est la question : « Pourquoi se préoccuper de ces signaux faibles ? Quel intérêt ? Qu'en faire ? Quelle utilité ? »

Avec son approche didactique mais aussi sa façon si particulière de « faire parler » ce qui est pour le commun des mortels « muet », Philippe nous montre, nous démontre, nous dissèque et analyse ses travaux pour nous en donner un mode d'emploi. Une véritable gageure que de donner un mode d'emploi à quelque chose qui est intuitif. Un exercice mental avant tout et qui doit faire fi de tout ce qui est trop radical, organisé, canalisé, modélisé, convenu. Il faut disposer de la capacité d'imaginer, y compris les choses les plus folles et nous revenons à la richesse du bric-à-brac en la matière.

L'une des difficultés des signaux faibles, c'est qu'ils sont surabondants et qu'il appartient, à ceux qui les observent, d'en faire une sorte de tri, à l'intuition parfois bien plus qu'à la raison.

Il faut du nez et cela ne s'acquiert qu'avec le temps, l'expérience et l'enthousiasme, ce dont dispose Philippe à coup sûr. On est, comme l'écrit Philippe, dans le domaine du remue-méninges, du poil à gratter, auquel on ne demande pas d'objectif de rentabilité mais dont on exige d'être une vigie permanente.

Je ne conclurai pas par « lisez cet ouvrage » ce serait trop banal, mais plutôt par « dégustez » cet ouvrage et pour ceux qui ne le feront pas, ils resteront pour toujours dans la croyance que les chercheurs et penseurs sont de drôles de personnages.

Pour ma part ce sont ceux-là que j'aime côtoyer, c'est avec eux que j'aime partager et échanger.

La vie est ici, chez eux.

Érik Gendre-Ruel
Directeur de l'innovation de Groupama

Introduction

7 heures. Le réveil sonne, la radio ou la télévision s'allume…
« … une première mondiale… une découverte scientifique… un
changement de président dans tel grand pays… un attentat…
une grève… un rachat d'entreprise… un record de production…
surprise en football… » Images. Reportages. Directs. Les informations fusent. Premières réactions. 8 heures. Le journal. Les
faits sont détaillés. Les éditorialistes. 8 h 30. Téléphone portable.
Internet. Premiers courriels. Google news, blogs, Facebook,
Twitter… Chacun y va de son commentaire. 8 h 45. Au travail.
Les courriels. La boîte vocale. Les saluts, les opinions. Hiérarchiser
la journée. Les décisions à prendre. Les réunions. Un concurrent a
sorti telle nouvelle technique. Un projet de contrainte législative.
Succès imprévu de l'un de nos produits. Appel téléphonique : notre
enfant a décidé de… 12 h 30. Flash d'information. Etc. Etc.

Tout va très vite. Alors quand réfléchir ? Quand digérer toutes ces
informations ? Quand « se poser » ? Quand prendre le temps ?
Le soir ? La journée a été dense, autant prendre le temps de
déconnecter pour un sommeil réparateur. Un livre, un film, des
conversations avec des amis. Le week-end ? Retrouver la famille,
les amis, les tribus… faire autre chose, agir différemment, assouvir
ses passions… peindre, marcher, faire du sport, cuisiner… Les
vacances ? Et pourquoi pas la retraite !

Dans notre vie, tout va très vite, tout se bouscule, tout s'accélère.
Nous sommes poussés à gérer le présent, à assurer le quotidien.
Le « nez dans le guidon » comme on dit. Comment lever ce nez,

porter notre regard plus loin, pour anticiper, pour deviner, pour ouvrir les possibilités. Pour ouvrir notre horizon et moins subir le présent, en fait le présent immédiat qui est aussi un passé immédiat. Pour réfléchir à deux ans, cinq ou vingt ans ? Comment percevoir les menaces et les opportunités ? Comment ne pas se faire surprendre ou tout au moins ne pas se laisser désarçonner par une surprise ? Comment avoir un, deux, trois coups d'avance ? comme le joueur d'échec, le joueur de go qui amorce son territoire. Comme le joueur de foot qui place la balle là où sera son partenaire et non là où il est.

Comment sentir ce qui va se passer. Comment sentir tout ce qui pourrait se passer ? Comment séparer son histoire personnelle de celle des autres ? Comment prendre de la hauteur ou du recul ou de la distance ? Comment changer son regard. Comment avoir un regard latéral et non frontal ? Comment ne pas se laisser emporter par le quotidien ?

Comme notre monde va trop vite, nous avons une tendance naturelle à aller vers la simplicité et notre jugement, nos interprétations, nos conclusions sur un événement, une information sont vite faits. Et pourtant, à y réfléchir, il peut y avoir plusieurs interprétations possibles, aussi bien celle qui est instinctive que celle que l'on n'apprécie pas. Comment s'ouvrir non pas à la prophétie mais à la prospective ?

C'est l'objet de ce livre : comment faire pour qu'une information, qu'un événement, devienne ce petit signal faible qui va ouvrir les perspectives de l'entreprise et enrichir ce qu'elle peut attendre ou pourrait attendre du futur ?

Chapitre 1

Qu'est-ce qu'un signal faible ?

Un signal faible est défini ordinairement comme un fait, un événement qui peut paraître paradoxal et qui inspire réflexion. Nous reviendrons tout au long de ce livre sur la définition des signaux faibles.

Un jeu classique d'émetteur et de récepteur

› Le signal

Nécessairement, dans un signal faible il y a un fait, un émetteur et un récepteur. Entre l'émetteur et le récepteur, le message est le vecteur qui est porteur du paradoxe. Voyons le détail de ce parcours.

Le message

Prenons un exemple de message, encore que celui-ci synthétise plusieurs jours de recoupements : dans la nuit du samedi au dimanche 28 février 2010, la tempête Xynthia a ravagé les côtes de Vendée et de Charente-Maritime. Des pointes de vent à 160 kilomètres/heure enregistrées dans l'île de Ré couplées à des coefficients de marée très forts (105 à 108) ont provoqué une élévation du niveau de la mer de plus d'un mètre (à La Tranche-sur-Mer, la mer a soulevé à plus de huit mètres de haut des rochers de 800 kilos) en surprenant les autorités et ont causé la mort de cinquante-trois personnes, notamment dans des zones censées être protégées de la mer par des digues, mortes noyées dans leur propre maison.

Ce message a immédiatement frappé l'opinion. Les autorités se sont rendues sur place dans les premières heures du drame. Personne n'a été laissé indifférent au malheur qui a frappé les populations, et on peut ajouter que les intentions de destruction des maisons six semaines plus tard ont déclenché de vifs débats. Mais restons au message originel reçu le dimanche et complété le lundi.

L'émetteur

L'émetteur du message a été multiple puisqu'il s'agissait de l'ensemble des médias et *a priori* le message n'a pas été faussé, tronqué ou déformé. Dès le lundi, les questions se posaient sur la coordination mer/météo, l'entretien des digues, l'attribution des permis de construire et la constructibilité des bords de mer, etc. Les différentes questions posées aboutissaient peu ou prou aux mêmes réponses ou aux mêmes interrogations.

Le récepteur

Quant aux récepteurs, on peut considérer qu'entre le dimanche où ils sont réceptionnaires de l'information car au repos, et le lundi où en général ils reprennent le travail, chacun a reçu l'information, vu des images, entendu et lu sur les faits, et les commentaires ont été largement repris et illustrés par tous les médias durant la semaine et au-delà.

Le récepteur d'un message est multiple

L'exercice est donc de se souvenir de sa réaction personnelle en recevant l'information. L'a-t-on entendu comme un fait divers plus dramatique qu'un autre. A-t-on pensé à sa maison en bord de mer ou à celle de l'un de ses amis ou à sa propre maison et de risques éventuels près d'une rivière ou en bas d'une colline ou en zone inondable ou en zone d'instabilité de terrain, voire en zone sismique… S'est-on posé la question de ce que l'on ferait en de pareilles circonstances, s'il faut prévoir de protéger ses souvenirs (photos, films, objets familiaux), s'il faut avoir des bottes chez soi et une barque, s'il faut nécessairement dormir à l'étage, etc. Les questions peuvent être infinies pour un habitant d'une habitation semblable.

L'exercice est aussi intéressant pour un récepteur professionnel. L'assureur a dû penser aux remboursements, à la connaissance des risques, à la possibilité d'accidents exceptionnels qui se répètent (tempête de décembre 1999, tempête Klaus de janvier 2009 sur le Sud-Ouest), aux procédures d'alarme, aux primes futures, etc. Le professionnel de BTP a dû penser à la conception des digues, leur renforcement, leur rehaussement, le traitement des sols derrières les digues, les pompes, etc. Le professionnel de la construction a dû penser à la conception de maison en zone inondable, de caves en structure caissons flottants ou de sols absorbants, de matériaux de construction perméables et qui sèchent vite ou imperméables et qui résiste à l'eau mais jusqu'à quelle pression de cette eau, etc. Le secouriste a dû penser au matériel nécessaire, voire souhaitable dans des habitations exposées comme des batteries, des zones sèches, des vêtements isolants et/ou chauffants, de la nourriture et du matériel de préparation culinaire, de l'eau, du matériel de repérage d'un sinistré, etc. Quant au sismologue, quand bien même il ne s'agit pas de séisme mais le drame d'Haïti de fin janvier n'étant pas loin, ses sens sont en éveil, il s'est peut-être dit que la région était d'aléa modéré et que si à présent toutes les régions d'aléa modéré sont susceptibles d'être concernées…

Pour certains, Xynthia relève du registre de l'information, du signal blanc, sans contenu, pour d'autres du signal fort parce que relevant d'un réflexe naturel devant l'événement (l'assureur, le secouriste), pour d'autres encore du signal faible parce qu'ils le perçoivent dans un cadre particulier (le BTP, le constructeur). Certains réagissent selon leur sensibilité, d'autres en fonction de leur métier, d'autres encore selon le temps, leur vision, immédiate, à six mois, à deux ans…

> La puissance du signal

La puissance du signal faible

Nous distinguons donc pour une information donnée tout l'éventail de puissance de réception du signal, de l'indifférence au signal le plus fort. Et l'indifférence n'est pas coupable en général, elle l'est pour certains récepteurs.

Signal faible pour l'un, très faible pour l'autre

Lorsqu'en avril 2009 les talibans étaient à 100 kilomètres d'Islamabad au Pakistan, l'indifférence de la plupart des médias et des commentateurs et donc du public fut générale, tandis que l'inquiétude montait chez les experts et connaisseurs du sujet. Un an plus tard, en avril 2010, le président américain Obama réunit à Washington plus de cinquante États et organismes mondiaux pour un sommet de la sécurité nucléaire avec comme objectif principal d'éviter que l'arme nucléaire ne passe entre les mains de groupes terroristes. L'indifférence a baissé d'un cran. Mais la conscience réelle de ce type d'événement n'émerge souvent que face à la réalité qui a valeur de preuve : comment le 11 septembre autant d'avions ont-ils pu être détournés simultanément par des hommes ayant été formés à piloter un avion pour qu'il vole… sans atterrir… ?

…/…

> Il a fallu la preuve de l'acte, donc sa réalisation, pour que la conscience émerge.
>
> Le signal faible a été perçu *a posteriori*. Avant, ce n'était qu'un signal blanc. Et une erreur.

L'indifférence est liée à ses centres d'intérêts, à des expertises. L'assureur a entendu Xynthia comme un signal fort, très fort, car il est de sa préoccupation quotidienne et donc directe. Le constructeur l'a entendu comme un signal faible car au-delà du drame, il a observé les maisons et s'est posé des questions en lien avec son métier pour créer de nouveaux produits pour les années à venir. Il aurait pu passer à côté du signal et être quasi indifférent si ce n'est compatir au drame. Et les centres d'intérêt peuvent être indirects. Xynthia a été considérée immédiatement comme non liée aux changements climatiques. Si l'on avait émis un doute au départ et non une certitude, serait venu en commentaires l'élévation probable des océans de cinq à dix centimètres d'ici la fin du siècle et donc l'apparition d'éventuels réfugiés climatiques en France : et alors « Bengladesh-Vendée, même combat ! » Il est possible d'ailleurs que certains y aient pensé spontanément en entendant l'information et aient alors renforcé leurs convictions qu'il fallait lutter contre le réchauffement climatique et se sont imaginés, par exemple, que Niort ou Dol-de-Bretagne pourraient redevenir des ports, comme ils le furent au Moyen Âge, plus rapidement qu'ils ne le pensaient…

De l'aspérité à peine audible au vacarme

Sur une échelle de 0 à 10, toute information émet donc un signal de force 0 à 10, non pas selon l'information elle-même mais selon le récepteur. L'information peut laisser indifférent comme inspirer la réflexion. La réflexion provient en général d'une aspérité de l'information. Pour caricaturer, le train arrivé à l'heure n'est pas une information avec aspérité, c'est le niveau 0 du signal faible, le niveau blanc. Un lieu de vie propre est un signal de force 0 car la propreté ne se remarque que lorsqu'elle comporte un défaut, il y a alors aspérité ce qui montre que l'absence de signal faible peut être en soi un signal. L'aspérité est relative à chacun. On peut être passionné par le sport comme totalement indifférent et l'entendre comme un signal faible ou… ne pas l'entendre. L'aspérité est d'autant plus remarquable qu'elle est exceptionnelle, voire para-doxale. C'est ce jeu de l'aspérité, que l'on peut ne pas remarquer et à côté de laquelle on peut passer, de l'accident, faible ou fort selon le récepteur, qui en fera un signal faible ou fort.

Reprenons la définition du signal faible : un signal faible est un fait, un événement qui peut paraître paradoxal et qui inspire réflexion.

C'est donc bien le processus déclencheur de la réflexion qui inspire le signal et non l'événement lui-même. Chacun peut passer à côté d'une information ou au contraire la remarquer, noter ou pas un signal.

Est-ce pour autant un signal faible ou un signal fort ?

Signal faible ou signal fort ?

Je ne me battrai pas pour qualifier le signal de faible ou de fort. Pour l'anecdote, l'expression « signal fort » a trouvé 49,4 millions d'items sur Google le 13 avril 2010, contre 270 000 « signal faible », et curieusement 188 000 « signaux forts » contre 297 000 « signaux faibles ». Donc on utiliserait plus couramment « signal fort » au singulier et « signaux faibles » au pluriel. En 2003, j'ai spontanément créé la *Lettre des signaux faibles*, sans m'interroger si c'était la *Lettre des signaux forts* comme s'il importait d'abord de faire remarquer de petits signaux qui peuvent avoir de grandes conséquences. Et immédiatement, des lecteurs m'ont indiqué que tel ou tel signal qualifié de faible était en fait un signal à qualifier de fort. J'ai pu constater alors que le signal était qualifié de faible ou de fort relativement au récepteur.

Signal faible que l'on ne veut pas voir

En avril 2010, la campagne de mensuration des 0-5 ans conclut que les enfants ont pratiquement le même poids et la même taille à la naissance qu'il y a un siècle, depuis 1905, selon les archives parisiennes. En revanche, les 3-4 ans sont passés de 89,1 centimètres à 99,7 centimètres et leur poids est passé de 13 à 15,7 kilos. Mais sur les vingt dernières années, on observe une prévalence à l'obésité dès le plus jeune âge : pour les enfants âgés de 36 à 48 mois, la largeur du bassin est passée de 20,5 centimètres à 22,5 centimètres entre 1991 et 2010, soit l'équivalent d'une taille d'adulte de plus.

Une telle information aurait dû déclencher un immense débat sur la nutrition des nourrissons, donc l'éducation des mères, la responsabilité des industriels et des commerçants de la

.../...

petite enfance, les structures de garde d'enfants, les répercussions à l'adolescence, les dangers à l'âge adulte, et aussi
la taille des lits et poussettes, le dessin des vêtements, etc. Il
n'en fut à peu près rien. Dès lors quel signal faible peut-on
tirer de cette quasi-indifférence ? Cette information est-elle
anecdotique ? L'information a-t-elle été éteinte par d'autres
informations ? Est-ce une non-information car déjà connue ?
et par qui ? Y a-t-il indifférence ou culpabilité des réseaux
d'opinion ? Étions-nous maigres en 1905 ? Y avait-il des
maladies spécifiques des nourrissons ?

Au vu du peu d'écho, on peut s'être fait une fausse idée de
l'importance potentielle de ce signal mais il est certain que
ses conséquences sont très larges : un fort signal pour l'observateur, un très faible signal pour l'humanité ?

C'est donc bien le paradoxe d'utilisation courante de l'expression
« signal fort » qui fait que celle de « signal faible » se justifie pour
sensibiliser à ces petits signes qui intriguent.

› Pourquoi le signal faible existe-t-il ?

Le signal faible n'a donc d'intérêt que dans ce qu'il intrigue,
interpelle, interroge. On peut donc passer à côté d'un signal qui
n'existera que s'il est remarqué.

L'intérêt du signal faible est dans ce qu'il déclenche en nous. Donc
le signal faible est à la source d'un processus mental qui nous fait
penser plus loin, tant en amont de la pensée – sur les causes, le
pourquoi – qu'en aval de la pensée – sur les conséquences, le « que
va-t-il arriver ? ». Le processus de départ est très rapide, intuitif.
C'est lui qui alors identifie le signal faible.

Signal faible, signal fort, un thermomètre très personnel

En août 2003, une canicule submerge la France et provoque le décès de 14 490 personnes (source INSERM) pour l'essentiel âgées. Très rapidement, chacun a cherché les causes et les conséquences de cet événement. Ce fut un signal en amont de la non-disponibilité d'accueil des hôpitaux, notamment à Paris la semaine du 15 août, de l'abandon relatif des personnes âgées, du changement climatique allant vers un réchauffement. Ce fut un signal en aval, donc sur les conséquences, pour les municipalités à sensibiliser les personnes âgées à se signaler et à les former aux réactions à la forte chaleur, pour les hôpitaux à prévoir un plan d'urgence en août, à avoir une salle fraîche, etc. Peut-on parler de signal faible ou de signal fort ? Tel que cela a été vécu, ce fut du registre du signal fort, très fort, tant cela fut dramatique.

Les conséquences et les dispositions prises notamment par l'InVS (Institut de veille sanitaire) sont rentrées en protocole. Et l'on peut considérer que la pandémie de la grippe A (H1N1) durant l'hiver 2009-2010 a bénéficié des dispositions prises à la suite de la canicule. Pour l'anecdote, la réaction à la canicule a été jugée trop faible, la réaction à la grippe A (H1N1) trop forte. Qu'en aurait-il été si la réaction à la grippe avait été insuffisante et s'il y avait eu des milliers de morts au lieu des trois cent douze recensés ?

Cette soudaine canicule, ce signal, a fait émerger d'autres questionnements en aval : et si la température monte réellement de 5 °C en quelques années, et si la végétation devait vraiment muter puisque la productivité des plantes existantes a chuté de 30 %, et si les gaz à effet de serre se concentrent encore plus, et si les plantes deviennent émettrice de CO_2, et s'il faut accélérer l'isolation des bâtiments à défaut d'utiliser la climatisation pour refroidir, etc.

.../...

Spontanément, les questions ont été nombreuses et c'est à ce titre que ce signal fort était… un signal faible en tant que réflexion sur le futur !

Le signal faible est à la jonction de deux processus : la compréhension du signal, pourquoi existe-t-il, et les conséquences du signal, que peut-il se passer.

Définition complète du signal faible

La définition du signal faible se complète logiquement : un signal faible est un fait, un événement qui peut paraître paradoxal et qui inspire réflexion… pour imaginer le possible comme l'impossible, regarder vers le futur tout en recherchant les causes, pour les comprendre, et découvrir l'essence de l'événement.

Revenons sur le mot « paradoxal ». Plus haut, nous avions parlé d'aspérité. L'aspérité est la petite information, mineure, qui nous fait buter. « Paradoxal » désigne plus souvent ce qui nous interpelle. Dans la vie courante, que ce soit lors d'une lecture, d'une écoute, d'un regard, cette alerte paradoxale est extrêmement rapide. C'est ce cheminement mental soudain qui fait penser à quelque chose, à quelqu'un, qui nous fait varier notre pensée… sans savoir pourquoi. Et le plus souvent, on ne parvient pas à retrouver pourquoi. C'est que quelque chose de paradoxal a capté notre attention, nous a fait penser à… Et c'est l'effet domino qui se met en marche et qui a provoqué des pensées curieuses, parfois des futurs improbables ou impossibles… le signal faible s'est émis !

Le signal faible entre donc dans toute démarche de questionnement d'une entreprise ou d'une entité, dans son ensemble ou pour une partie de son activité.

Passé, présent, futur : un besoin d'appréhension de l'homme

Comprendre le passé, prévoir le présent immédiat, anticiper le futur est un besoin d'appréhension de l'homme de son existence et dépend de son centre d'intérêt. Le temps de réalisation de ce futur est différent, comme le temps d'impact : communiquer sur un produit a un temps de réalisation plus court qu'ouvrir un magasin qui a lui-même un temps plus court que créer un produit industriel, ou modifier le quartier d'une ville. L'homme politique a comme échéance la prochaine élection, donc à moins de cinq ans en moyenne, l'écologiste a comme échéance quelques dizaines d'années. Chacun ayant son temps utilisera des méthodes différentes de compréhension des événements.

› Comprendre le passé : les méthodes classiques

Les méthodes classiques pour comprendre le passé ou le présent, qui n'est que du passé immédiat, sont connues et reconnues depuis longtemps et ont fait l'objet de nombreuses parutions, livres, articles.

Les études de marché

Les études de marché englobent aussi bien les études quantitatives, donc fondées sur des échantillons représentatifs importants, et les études qualitatives fondées sur des groupes ou des individus rencontrés ou observés un à un. Ces études couvrent les marchés grand public comme professionnels. La variété des études permettant de connaître ce que pensent les consommateurs ou les utilisateurs d'un marché ou domaine est sans limite. En amont, ces études peuvent identifier les besoins, en aval elles peuvent les valider dans des temps de plus en plus courts.

Les sondages

L'esprit français est friand de rationalité, de méthodes d'études rassurantes qui contribuent à tracer le futur d'une entreprise, d'une entité. « Sondage » est le mot-clé. On dit que la France est le pays où l'on réalise le plus de sondages au monde… Les Français sont interrogés sur toutes sortes de sujets. Y compris sur ceux qu'ils ne connaissent pas ou ne comprennent pas… ou ne veulent pas comprendre. Le sondage est la photographie d'une ou de la population selon la cible retenue à un moment donné.

Des sondages et de leurs pertinences

En avril 2010, en plein débat sur les retraites, les sondages confirmaient que les Français trouvent légitime l'âge de départ à la retraite à 60 ans[1].

Les Français auraient répondu positivement à des sondages pour une augmentation du montant des pensions, des formations plus longues, des journées de travail de quatre heures, des semaines de quatre jours, des repos de deux semaines toutes les six semaines…

Début mai, un sondage[2] donnait 43 % des sondés favorables à un recul de la retraite au-delà de 60 ans contre 33 % début avril sondés par le même Institut. Donc ce type de sondage n'a de pertinence que dans sa répétition et sa tendance. Ce que les commanditaires des sondages prennent insuffisamment le temps de faire.

1. Sondage BVA, avril 2010 pour l'un de ces sondages.
2. Sondage IFOP pour *Dimanche Ouest-France*.

Le *benchmarking* (ou parangonnage)

Le *benchmarking* est une technique qui consiste à observer, à étudier et à analyser les pratiques des concurrents ou d'autres entreprises afin de s'en inspirer et d'en retirer le meilleur. C'est une méthode continue d'évaluation de la performance des processus dans une organisation.

L'entreprise ou l'entité – une région par exemple – va observer comment travaille son concurrent direct ou d'autres entreprises du marché dont elle pense qu'elles sont exemplaires pour en retenir les performances positives et voir comment un transfert méthodologique pourrait s'opérer. La méthode est valorisée par les exemples choisis qui doivent être représentatifs et intéressants, la rigueur de la démarche, et la qualité des conclusions et des transferts. Une entreprise d'industrie traditionnelle comme l'acier ou l'automobile pourrait « benchmarker » des entreprises de téléphonie, pharmacie, transports aériens pour envisager le futur de leurs métiers. Il s'agit de mettre l'entreprise à jour sur ses méthodes et si possible lui faire prendre de l'avance en observant des marchés plus dynamiques. Par exemple, on veut souvent être l'Ikea ou le Nespresso ou l'Apple de tel ou tel marché pour copier les processus de marques ou entreprises à succès.

La veille

La veille consiste à collecter, à organiser, à analyser et à diffuser des informations recueillies. Ces informations peuvent être technologiques, juridiques, concurrentielles, stratégiques, etc. Tout domaine peut faire l'objet d'une veille. L'intérêt bien compris de la veille est de ne pas se laisser surprendre en étant à jour des connaissances du marché.

L'un des outils les plus répandus est la veille informatique, la veille Web. De puissants outils informatiques visitent les millions de sites, blogs, tweets, etc., de la Toile avec des mots-clés, ou des pistes de recherche comme la concurrence, l'image, le droit, etc. Les résultats sont illustrés en statistiques, graphes, tableaux, etc.

La veille est de la surveillance. Par nature, toute entreprise ou entité fait de la veille que l'on pouvait assimiler dans le passé en partie à de la documentation. Internet enrichit les moyens de cette veille. La cellule de veille – l'expression semble consacrée – est d'autant plus performante qu'elle ne sera pas noyée par l'information et/ou qu'elle ne noiera pas les destinataires de son travail. La hiérarchisation, le tri, la communication sont donc essentielles. La veille est par essence tournée vers le présent, voire le passé.

En règle générale, les services de veille n'ont pas pour fonction d'anticiper. Ils se contentent de constater. Des échanges avec les signaux faibles sont souhaitables pour compléter les recherches d'information, lancer des pistes. Souvent alors se crée une activité d'intelligence économique (IE).

L'intelligence économique

L'intelligence économique (souvent écrite par son sigle IE) englobe la veille et tous moyens légaux de recherche d'information, de traitement et d'interprétation des connaissances en vue d'aider à la stratégie de l'entreprise ou de l'entité, elle englobe aussi la protection des savoirs de l'entreprise, et peut aller jusqu'à l'influence qui, par écho à la protection des savoirs, peut consister dans la diffusion ou la non-diffusion d'informations exactes ou fausses. Car diffuser, c'est émettre un signal.

L'IE d'une entreprise est souvent prise en charge par des personnes ayant été formée dans le renseignement. Il faut en effet situer l'IE dans des entreprises dont les travaux de recherche et de développement ont des budgets particulièrement élevés – ce qui se trouve de plus en plus fréquemment – et donc dont la recherche d'information et la protection des savoirs sont hautement straté-giques. Une meilleure connaissance de l'IE est la première étape : l'entreprise sensibilise ses acteurs à ne pas échanger dans les trains ou les avions, à ne pas avoir dans leur ordinateur portable des informations sensibles qui pourraient être pillées à la douane sous prétexte de vérifier un ordinateur qui ne passe pas clairement au portique de contrôle.

IE et signaux faibles sont intimement liés, l'un insufflant à l'autre des thèmes de recherches ou d'anticipation. L'IE travaille sur le dur, les signaux faibles sur le mou, l'incertain.

Les démarches du sondage et des études rassurent, leur exploitation est biaisée

Ces démarches sont le reflet d'une opinion à un moment donné, sur un sujet donné, à une question donnée, par un financeur donné. Pour des raisons de rapidité du processus, de l'analyse et de sa communication, les médias s'intéressent rarement à l'évo-lution des sondages lorsqu'il existe des références précédentes, pour les relativiser. Certaines questions pour le moins réductrices n'ont de valeur que dans leur répétition dans le temps afin d'en retenir la tendance et non la réponse brute. L'exploitation faite des sondages et études ne tient pas toujours compte de cette matière qui a pourtant été fournie. En outre, il est judicieux de vérifier qui a financé l'étude et quelles questions précises ont été posées. Il y a quelques années une étude avait conclu à la dangerosité du saumon de Norvège : elle avait été financée par les producteurs de saumon d'Alaska. Si l'étude a été parfaitement exploitée par le financeur en interne, on constate que son exploitation externe a été biaisée soit par l'émetteur, soit par le récepteur.

Or les études et les démarches que nous avons vues plus haut (veille, *benchmarking*, intelligence économique, études de marché, tendances, tendances lourdes) sont avant tout des constats du passé ou du présent que l'on peut considérer comme du passé immédiat.

Benchmarking, veille et intelligence économique sont marqués par l'entreprise

Benchmarking, veille et intelligence économique sont susceptibles d'être des sources de signaux faibles – et réciproquement – dans la mesure où l'on dépasse le simple constat pour en retirer toutes les conséquences possibles. Mais leur domaine de travail est restreint au champ direct d'exercice de l'entreprise. Par exemple : les constructeurs d'infrastructures téléphoniques se sont inspirés des études et de l'avancement de Nokia et de Motorola jusqu'en 2006 sans anticiper l'iPhone sorti en 2007 dont la technologie a provoqué des saturations des infrastructures dès 2009 (un utilisateur d'iPhone consomme en moyenne dix fois plus de bande passante qu'un autre utilisateur de smartphone [ou ordiphone]). C'est bien là toute la limite de la veille, du « parangonnage » (le parangon est un modèle) et par ricochet de l'IE et… tout l'intérêt des signaux faibles.

Les signaux faibles, une approche originale et encore peu développée

En fait, nous le verrons, par sa spécificité, la méthode des signaux faibles introduit une démarche nouvelle dans l'entreprise. Elle est un complément et ne se substitue pas aux méthodes décrites plus haut ; elle offre un regard nouveau sur d'autres domaines, non directement liés à l'entreprise et les échanges sont indispensables entre les différentes méthodes.

› Tendance et tendances lourdes : le présent immédiat ou proche

Au-delà de ces méthodes classiques – encore que l'intelligence économique soit loin d'être classique en entreprise – d'autres méthodes se développent depuis une trentaine d'années pour se détacher de l'immédiateté, de la tendance et des tendances lourdes.

Tendance

Les bureaux de style sont nés des recherches sur la mode pour interpréter une ou deux années à l'avance les comportements sociaux-culturels, les besoins, les attentes des consommateurs. L'essentiel du travail est statistique à partir des résultats des études de marché menées sur les groupes sociaux-culturels et par leur projection dans le futur, puis intuitif pour en imaginer une traduction créative. Avec l'évolution de leur métier, les bureaux de styles se sont appelés cabinets de tendance. Leur métier s'est complété en captant le plus en amont possible les nouveaux mouvements sociaux-culturels ou les nouveaux comportements de la mode… future. Ils élargissent et sophistiquent leurs études en amont pour avoir des études plus larges en aval touchant aussi bien la mode textile et prêt-à-porter que la maison, l'électronique, l'automobile, la cosmétique, voire l'alimentation. Depuis les années 2000, chaque domaine de l'industrie a vu apparaître ses cahiers de tendance.

La tendance est devenue… *tendance*. Le mot a été emporté par la mode. L'incompréhension est née lorsque la mode a disparu ou plutôt est descendue dans la rue : les produits textiles fabriqués à la demande en quelques semaines par Zara ou H&M, pour ne citer que deux enseignes phares du prêt-à-porter, se sont alors uniformisés. Ou lorsque les créations dites *tendance* sont devenues plus ludiques et hors de prix, inadaptées aux circonstances économiques actuelles, sans doute du fait de la concurrence des cabinets de tendance entre eux. La tendance est devenue *has been* avec la baisse de pouvoir d'achat actuel, ce qui veut dire que les cabinets de tendance vont retrouver leurs fondamentaux.

Les tendances lourdes

Tendance et tendance lourde n'ont pas de lien.

Les cabinets de tendance travaillent sur quelques semestres, c'est-à-dire le présent immédiat. La tendance lourde est une évolution en marche, qui par sa force d'inertie dure plusieurs années. La tendance lourde s'appuie sur l'analyse statistique et/ou l'observation qui révèlent sur un temps suffisamment long selon les sujets une ligne continue.

Les tendances lourdes touchent tous les domaines : la démographie, l'énergie, l'urbanisme, l'environnement, etc. Ainsi, depuis cinquante ans le prix du pétrole monte : c'est une tendance lourde ; depuis plus de cent ans la température observée sur terre monte : c'est une tendance lourde ; depuis soixante-cinq ans la natalité en France est soutenue : c'est une tendance lourde.

L'allongement de la vie en est l'un des meilleurs exemples. Chaque année en France, l'homme et la femme gagnent un trimestre de vie en plus. Les progrès de l'alimentation, du confort de vie, de la science de la santé, ne peuvent qu'aller dans ce sens. Une rupture qui affecterait cette tendance lourde ne pourrait être qu'un accident violent comme une maladie, voire une pandémie ou une guerre. Une tendance lourde peut être contestée ou contestable comme le réchauffement climatique. La tendance lourde est importante en prospective. Elle est rassurante puisque se fondant sur des connaissances bien ancrées.

Mais par nature, la tendance lourde n'est pas ouverte aux ruptures ou plutôt est surprise par les ruptures. Ainsi la hausse du prix du baril de pétrole était-elle exponentielle en 2007-2008 et l'on a parlé d'un baril possible à 250 dollars lorsqu'il montait à 150 dollars en juin 2008, alors qu'il vaut 35 dollars en février 2009, puis 80 dollars en décembre 2009. Il y avait donc tendance lourde de hausse et rupture imprévue quand bien même la hausse se poursuit. L'allongement de la vie peut s'arrêter à cause de la pollution, de l'alimentation, voire par des choix économiques de santé.

Comment en effet savoir si un cycle en cours est un cycle court ou un cycle long ? La tendance lourde a de forte probabilité d'advenir, mais n'a pas de certitude. C'est tout l'aspect fascinant des tendances lourdes : elles rassurent pour éliminer les risques que l'homme rejette, mais le risque de rupture n'est jamais loin et doit être imaginé.

> Anticiper le futur : l'intuition

Dès lors que l'on quitte ces méthodes sécurisantes car rationnelles – des méthodes classiques, statistiques ou sociologiques pour l'essentiel –, on se dirige vers la création, l'imagination et donc l'intuition, le changement de regard.

Les réunions de créativité

Chacun a en lui une part plus ou moins élevée de fantaisie, d'inventivité, de créativité. Dans le domaine des études, les études de créativité[1] sont un domaine très particulier. Il s'agit de faire

---

1. Je recommande vivement les livres d'Hubert Jaoui, l'un des maîtres français du sujet… et ami.

émerger des idées, le plus souvent en groupe. L'un enrichit l'autre par ce qu'il « produit » selon des méthodes très variées et sans cesse renouvelées. Le jeu du renvoi d'idées de l'un à l'autre des participants devient jouissif et plus le temps de la réunion passe, plus les esprits se libèrent de leurs carcans. Le carcan, le rationnel, le normatif cède la place à l'irrationnel. Les résultats liés à un travail approfondi d'interprétation sont souvent très riches. Rencontrer des esprits créatifs est toujours très enrichissant notamment pour remettre en cause des idées préconçues, ou pas d'ailleurs.

Ces études de créativité sont utilisées pour voir plus large, plus loin, plus vers le futur.

Malgré tout, la richesse des idées émises, tant par leur rythme que par leur variété, dépend du talent de l'animateur, du groupe lui-même, du temps que l'on consacre à ce travail et de l'interprétation qui en sera faite. La macédoine de créativité peut donc devenir un fatras sans intérêt ou une émulsion réjouissante. Il suffit de peu pour basculer dans un sens ou dans l'autre et pourtant, dans les deux cas, les ingrédients seront présents. Il suffit du filtre de l'un des participants, de l'animateur, du décrypteur de la réunion pour que toute la saveur créatrice soit réduite à néant alors que dans le bouillonnement d'idées ou de remarques il y avait des idées formidables, des intuitions géniales.

C'est le lot, le risque, le talent de la créativité.

Chacun a de l'intuition

C'est à ce titre que l'intuition ou, si l'on veut, l'intuition créative peut être source de création et d'imagination. L'intuition est, dans sa définition courante, de la connaissance immédiate, spontanée ne faisant pas appel à la raison, au raisonnement. C'est une idée qui émerge soudainement qui fait changer le fil du discours (« Tiens, cela me fait penser à… ») ou de l'action (« Tiens, si nous allions plutôt là… »). Or on convient que telle personne a plus d'intuition que telle autre, en général ou dans un domaine particulier.

Nos cerveaux ne sont pas égaux devant l'inné et l'acquis que nous développons différemment. Chacun a en lui une part d'intuition. De même que l'un aura un meilleur odorat que l'autre jusqu'à devenir un nez dans l'industrie du parfum, de même le développement de l'intuition est différent selon les individus. Et l'intuition s'accorde à tous les domaines, le plus connu étant la classique « intuition féminine » en psychologie. Si l'intuition reste spontanée, son émergence est le fait d'un terreau favorable. Si l'intuition féminine se destine à la psychologie, c'est sans doute par l'écoute que développerait la gent féminine, ce n'est pas de l'inné, mais bien de l'acquis. En fait, chacun dans le métier où il développe une expertise, développe aussi une part importante d'intuition. Le vendeur « sait » vendre. Il « sent » le client. Le commerçant « sait » acheter, il « sent » le marché. Etc. L'acquis se développe, s'éduque, se travaille.

L'intuition se travaille. Elle s'affine avec l'observation, la connaissance, la pratique d'un domaine. Plus on pratique, plus on va vite. Il suffit de devoir enseigner son expertise, donc d'expliquer ses actions, donc les théoriser, pour réaliser comme nous sommes intuitifs. C'est souvent une fois la décision prise, *a posteriori*, que l'on motive son action. Il a suffi d'un petit quelque chose, d'une aspérité, d'un signal faible pour que l'on agisse.

Intuition ou signal faible ?

En septembre 2004, Louis Schweitzer, P-DG de Renault, est interrogé au « Grand Jury RTL - *Le Monde* - LCI ». La Logan produite par sa filiale Dacia en Roumanie à 7 500 euros débute sa vie

…/…

commerciale. Il décide de la vendre en France et dans d'autres pays d'Europe occidentale. Question : « Quel type de clientèle visez-vous exactement ? » Réponse : « Je ne le sais pas bien. C'est une innovation absolue, pas en termes technologiques, mais sur le marché automobile. C'est une voiture qui n'a pas de précédent, qui n'en remplace aucune autre. On peut imaginer des clientèles très différentes : celle de gens qui achètent une petite voiture et qui en voudraient une plus grande, ou des gens qui auraient acheté une voiture d'occasion, ou encore des gens qui ont une maison de campagne… »

Ce « je ne le sais pas bien » est resté dans les mémoires. Il témoignait, de la part de Louis Schweitzer, d'une grande modestie et d'une conviction fondée sur l'intuition.

Question : « Avec cette voiture spartiate, faites-vous le pari que le consommateur est en train de changer, qu'il pourrait se lasser des technologies de plus en plus sophistiquées mais coûteuses ? » Réponse : « Le vrai changement, c'est la croissance de la diversité de la demande. Dans le domaine automobile comme ailleurs, le conformisme est une valeur qui recule. Certains clients veulent le dernier cri de la technologie, d'autres ne demandent qu'un instrument de transport irréprochable. »

Réponse du marché : en 2009, le premier marché de Renault-Dacia est l'Allemagne avec 85 000 véhicules vendus, puis le Brésil 80 000, la France 67 000, la Russie 54 000, la Roumanie 42 000. C'est près du quart des ventes du groupe Renault.

L'histoire veut que Louis Schweitzer ait imaginé la Logan lors d'un voyage en Russie. Il avait imaginé la première voiture low-cost. Le bureau d'étude se serait montré plus que réticent à concevoir le produit.

C'est l'intuition qui a porté ce projet. Pas une étude de marché. Et l'intuition du patron cela aide…

.../...

Visiblement, l'intuition de Louis Schweitzer n'est pas venue seule, par hasard. On n'engage pas une entreprise de la taille de Renault dans un pari économique aussi important – même si l'on fait tout pour en réduire le risque – si l'on n'a pas de solides convictions étayées par… des signes avant-coureurs[1].

1. Il semble que l'expression « signes avant-coureurs » soit utilisée plus en diagnostique médical que dans d'autres domaines.

Intuition et hasard se cultivent

On dit que l'intuition est le fruit du hasard. Le hasard n'existe que lorsqu'on le croise, qu'on le remarque, qu'on le saisit. On rencontre quelqu'un par hasard, on tombe sur une information par hasard… encore faut-il avoir remarqué la personne, vu l'information, donc avoir été en contact avec le média. Le hasard est un terreau favorable que l'on a favorisé. Intuition et hasard sont le fruit de circonstances, de rencontres. Ce peut être le fait de lire telle information en écho avec ses propres travaux, de faire une rencontre qui s'est intéressée à ses travaux, ce peut être le fait de voir une création, un produit, un service qui fait écho. Les circonstances sont donc multiples qui étayent l'intuition. Nous faisons tous des rencontres par hasard, fortuites. Nous manquons tous des rencontres sans nous en rendre compte.

L'intuition est donc le fruit de la rencontre entre nos propres travaux ou sujets de réflexions ou d'études et des éléments parfois extérieurs à notre quotidien.

Comment promouvoir cette intuition, comment multiplier les chances de rencontrer et de noter ces signes avant-coureurs, ces signaux faibles qui font avancer notre intuition, nos convictions ?

Chapitre 2

Pourquoi rechercher les signaux faibles ?

Tout va trop vite, mais c'est ainsi !

Il est coutumier de dire que nous vivons une accélération de l'histoire. Que l'an 2000 fut il y a dix ans – déjà ! – nous laisse pantois. Que Google n'ait été créé qu'en 1998, donc il y a à peine douze ans et qu'il a déjà une taille incroyable (23,65 milliards de dollars de chiffre d'affaires en 2009 pour 6,52 milliards de bénéfices, 2 milliards de dollars de bénéfices pour le seul premier trimestre 2010 !), est déconcertant. À l'inverse, IBM ne fabrique plus d'ordinateur… Et 2020, c'est dans dix ans, si loin, si proche ! À quel prix sera le baril de pétrole ? Roulerons-nous encore en voiture ou le plus souvent en transports en commun ? Jusqu'à quel âge vivrons-nous ? Comment contrôlerons-nous notre santé ? et à quel prix ? Avec quoi téléphonerons-nous ? Que sera une salle de cinéma ? Quel nouveau sport pratiquerons-nous ? Mangerons-nous de nouveaux légumes ? Comment fonctionnera notre réfrigérateur ?

Tout va très vite. Notre monde est de plus en plus sophistiqué. Les attentes de chacun, individus, entreprises, entités, sont de plus en plus nombreuses, de plus en plus sophistiquées. Les nouveaux habitants d'un village attendent les mêmes services que ceux d'une ville. Un petit commerçant doit savoir avoir des produits rapidement, livrer, répondre au téléphone, comme un magasin de taille conséquente. Un industriel doit sans cesse améliorer ses produits, ses services. Une voiture se crée en à peine un an contre quatre ans il y a une trentaine d'années. Et chaque semaine sortent sur les grands écrans quinze films contre cinq il y a quarante ans.

Michelin a manqué un virage

Le pneu Michelin démontable date de 1891. En 1900, donc très rapidement, Michelin crée le *Guide Michelin* qui est offert gracieusement aux « chauffeurs et vélocipédistes ». Les cinquante premières pages sont un mode d'emploi du pneu qui précède les plans des villes avec les bureaux de poste, de télégraphe et de téléphone, les hôtels, les mécaniciens, les dépôts d'essence que celui qui se déplace trouvera dans toute la France.

Dès son origine, Michelin accompagne ses clients pendant leurs déplacements. Il devient l'un des leaders mondiaux des guides et cartes.

À la fin des années 1990 – guide 2000 –, Michelin change la hiérarchie des marques sur ses guides, mettant en avant les expressions *Le Guide Rouge*, *Le Guide Vert*, donnant l'impression d'envisager de se séparer de cette activité. C'est à la même époque que Tom Tom Navigator apparaît, puis Tom Tom Go, un appareil autonome fixé au pare-brise de la voiture et fonctionnant comme une carte routière dynamique puis comme un guide.

Michelin tente de redresser le virage manqué et crée un site *www.ViaMichelin.com*, un navigateur éphémère, introduit des tags sur ses cartes routières pour communiquer des informations.

Pour le moment, le redressement n'est pas convaincant : tout va trop vite !

Tout va de plus en plus vite et l'entreprise comme toute entité doit répondre rapidement aux attentes de ses clients ou de ses administrés. Les produits et services se pressent sur le marché. La prime est au premier arrivé, si son produit est le bon. S'il n'est pas le bon, il sera vite oublié ; s'il est le bon, il faudra gérer son succès pour continuer à lui donner un temps d'avance.

Produits oubliés : le Newton d'Apple et le Bi-Bop de France Télécom

Environ la même année, en 1993, deux produits sont nés : l'un trop tôt, l'autre trop tard.

Le Newton d'Apple est considéré comme le premier PDA. C'est la première fois qu'avec un stylet, on peut écrire sur un écran ! Il contient les fonctions d'agenda électronique, de bloc-notes, de carnet d'adresses et de calculatrice. Et l'on peut transférer les informations d'un Newton à l'autre. Mais il est lourd, sa batterie se décharge vite.

Le Bi-Bop de France Télécom avait l'aspect d'un téléphone portable mais fonctionnait comme une cabine téléphonique portable puisqu'il fallait se placer près d'une borne signalée par un autocollant vert et bleu, en général sur un lampadaire ou une descente d'eau de toit...

Dès 1994, les deux appareils ont rapidement décliné, remplacés par des PDA bien plus légers et par le succès du téléphone GSM bien plus souple d'utilisation.

Ils étaient nés au mauvais moment malgré les innovations qu'ils pouvaient inclure.

L'entreprise doit ressentir, discerner, flairer les attentes et les besoins. Mieux encore, l'entreprise comme l'entité doivent anticiper les besoins de leurs clients, voire, et c'est ce qui est le plus courant, anticiper des attentes et besoins non exprimés mais qui sont prêts à être adoptés. On dit d'ailleurs que, le plus souvent, Apple n'innove pas mais crée mieux ce que ses concurrents n'ont pas su faire aboutir à 100 %. Au début de 2010, l'investissement en recherche et développement d'Apple est de 2,9 %, celui de RIM, constructeur du BlackBerry, 6,8 %. C'est ainsi l'iPhone qui a su rassembler en un seul produit de nombreuses innovations présentes sur le marché, et d'une façon particulièrement ergonomique en créant une nouvelle utilisation de l'écran et une nouvelle gestuelle des doigts. Seul l'iPad est une véritable création. À tel point que le mot iFlop est apparu par anticipation d'un éventuel échec.

Autrement dit, à défaut d'être la copie, il faut être l'original. Il faut créer avant l'autre pour être le premier sur le marché. Et pour créer avant l'autre, pour anticiper, il faut capter les signaux faibles.

Et pour créer, il faut repérer, anticiper les petits signaux du changement.

Qui a besoin des signaux faibles ?

Différentes méthodes sont possibles pour capter ces signaux : les méthodes classiques qui analysent le passé et anticipent sur un présent immédiat, les tendances lourdes qui prolongent le présent, l'intuition organisée pour anticiper le futur.

Avant de présenter ces méthodes pour capter les signaux faibles, voyons qui a besoin des signaux faibles, qui doit anticiper le changement ? Percevoir les changements peut intéresser tout public sensibilisé à la non-continuité des « choses », soit parce qu'elles ne seront plus comme « avant », soit parce que le changement crée une phase d'instabilité. Les publics sont larges, de l'entreprise évidemment, aux politiques, en passant par les acteurs et/ou les penseurs de nos sociétés. En fait, il y a deux publics essentiels et pas nécessairement incompatibles, celui qui veut comprendre le passé, celui qui veut préparer l'avenir.

› Pour comprendre le passé

Le passé se comprend souvent par une relecture du présent.

Les historiens ne sont pas seuls à vouloir comprendre le passé.

Briser les certitudes pour comprendre le passé

Tant que le mur de Berlin n'était pas tombé (novembre 1989), l'Union soviétique restait une grande puissance et l'on analysait son passé à l'aune de cette puissance. Le jour où il est tombé, « les langues se sont déliées » et la hiérarchie des faits s'est bousculée comme par exemple l'exactitude jusque-là supposée des chiffres officiels. Le prisme de lecture a changé, le doute n'était plus permis, les interrogations ont eu des réponses même si cela prend plusieurs mois, plusieurs années.

La lecture du passé peut aussi impliquer d'effacer des certitudes. Le maréchal-ferrant a sans doute longtemps expliqué que sa corporation était présente dans toutes les villes et villages pour ferrer un cheval. Alors que l'automobile demande du pétrole que l'on trouve peu et des mécaniciens pour remplacer des chambres à air tout aussi difficiles à trouver. Donc le cheval restera encore longtemps le meilleur ami de l'homme, et son meilleur moyen de transport !

Le maréchal-ferrant est enfermé dans ses certitudes. Il n'y a pas que lui. Chacun justifie ce qu'il fait aujourd'hui à la lecture de ce qu'il faisait hier. Comprendre le passé sert trop souvent à justifier le présent.

Tant que Mittal n'a pas acheté Arcelor (août 2006) après une OPA lancée en janvier 2006, Arcelor reste le second sidérurgiste mondial s'ouvrant les portes de l'Amérique et de ses constructeurs automobiles en achetant le canadien Dofasco en janvier puis le marché russe avec Severstal en mai. Cependant, le profil de la production de l'acier mondial va totalement changer en quelques années, amplifié par une formidable surproduction fin 2008. De fait, la redoutable bataille Arcelor *versus* Mittal était surtout la bataille entre deux conceptions de l'avenir de l'acier : l'une fondée sur le métier de l'acier, l'autre sur les filières des mines, du transport en passant par l'acier ; l'une sur une société lourdement structurée, l'autre sur une société familiale à organigramme plat, en quelque sorte low-cost dans sa structure ; l'une tricentenaire chargée de certitudes et l'autre de quelques années navigant à vue, à l'intuition. Une fois Arcelor conquis par Mittal, les langues se délient et on relit le passé. Sans refaire le passé, la question qui se pose est : « Qui battra Mittal, pourquoi et dans combien de temps ? »

Le passé est comme une nappe blanche que l'on tire par un coin

Tout événement du présent, toute interprétation du présent, tout signal faible perçu, donne une nouvelle lecture du passé. On réécrit souvent l'histoire en fonction d'un petit fait. Vercingétorix et Jeanne d'Arc n'ont fédéré l'histoire de France qu'avec Michelet. Tout se passe comme si sur une immense table, on posait une grande nappe, un peu souple : si l'on tire un coin, toute la nappe va sembler faire des plis vers ce coin, si l'on tire un autre coin toute la nappe va sembler partir vers cet autre coin. Pourtant c'est la même table et la même nappe, seul le sens de la force aura changé. L'Histoire aura été réécrite.

En réécrivant l'Histoire ou l'histoire, on aide à anticiper le futur

Qui a besoin de comprendre le passé ? Tout le monde. L'individu qui veut comprendre ses enfants. Le sociologue qui veut comprendre la société. Le psychologue qui intervient en entreprise. Le responsable régional qui veut faire le point sur sa région. L'entreprise qui veut communiquer sur ses produits. L'urbaniste qui doit détruire une usine et occuper l'espace.

Or, si l'on constate que les enfants considèrent aujourd'hui leur téléphone portable comme une partie intégrante d'eux-mêmes, si le sociologue considère que les sciences sociales développent une vision globale de l'homme qui est à l'inverse des tendances actuelles, si le psychologue constate que l'impact psychologique des trente-cinq heures n'a jamais été mesuré, si le responsable régional anticipe un accroissement des transports collectifs, si l'entreprise présente ses nouveaux produits comme une tendance de fond, si l'urbaniste défend un urbanisme dense…, chacun aura été influencé par un passé immédiat, un signal faible perçu qui lui fait comprendre différemment ce qu'il a fait jusqu'à présent et comment il devrait le corriger.

Le passé aide à comprendre le présent et à préparer l'avenir. En passant par les signaux faibles, donc de petits signes pas encore perçus ou hiérarchisés par tous, la relecture du passé va aussi aider à préparer SON avenir.

❯ Pour préparer l'avenir

Vouloir connaître l'avenir est le propre de l'homme. Que ce soit les oracles de Delphes ou les prophètes, les chamanes ou les voyants, les philosophes ou les écrivains, et les agences de notation… de tout temps, l'Homme veut connaître son avenir. Dans une époque moins lointaine, seuls Léonard de Vinci et Jules Vernes ont su projeter leurs imaginaires – ou d'autres talents d'ailleurs – en se détachant de leur temps, au xve siècle pour le premier, quatre siècles plus tard pour le second (*De la Terre à la Lune*, 1865).

De la prospective au futur immédiat

En général, on prépare l'avenir en prolongeant le présent. En 1900, on voyait la multiplication des trains en 2000 ; en 1950 la multiplication des voitures, en 1970 la multiplication des fusées interplanétaires. Et chaque expert prolonge son expertise. L'ingénieur prédira la croissance des technologies, le physiologue le développement des prouesses du cerveau, le biologiste la sélection génétique en laboratoire, l'ingénieur en transport leur multiplication. Préparer l'avenir est donc particulièrement délicat car chacun se rassure avec ce qu'il connaît et le prolonge en l'améliorant.

Chacun cherche donc l'information qui le rassure. Le spécialiste des énergies fossiles est persuadé qu'il y a du pétrole sous les calottes glacières. L'écologiste est persuadé que l'homme réchauffe le climat et se met en danger. Etc. Et pourtant, chacun cherche aussi ce petit autre chose, cette petite information, ce signal faible qui pourrait lui faire voir l'avenir autrement.

Chacun a son temps d'avenir

L'avenir est une réalité plus proche pour le commerçant qui va ouvrir un commerce, pour la famille qui va acheter un logement, pour un adolescent qui va choisir ses études, pour un industriel qui doit promouvoir son produit. Voire même dans un temps plus proche, le choix du meilleur ordinateur du moment, d'un vêtement pour la saison à venir, pour préparer ses prochaines vacances, d'une date pour une fête de quartier, etc.

En général, l'entreprise peut se projeter sur dix ans. On parle alors de prospective. Cette prospective peut se prolonger encore sur dix à vingt ans. 2035 est une date butoir souvent rencontrée. Pour les territoires, où le temps de transformation est beaucoup plus long, la prospective à cinquante ans n'est pas inhabituelle.

Que cet avenir soit à quelques mois ou à quelques dizaines d'années, pour faire le bon choix, pour limiter les risques, voire pour ne pas se tromper, chacun a besoin d'anticiper un minimum.

Or la lecture de ce *demain* est très personnelle. Elle dépend de ses préoccupations, de ses attentes, du temps qu'on lui accorde. Préparer l'avenir comporte donc une part de rationnel, une part d'universel, qui intéresse beaucoup de personnes, d'acteurs économiques, mais préparer l'avenir comporte aussi une grande part d'irrationnel.

Limiter les risques

Daniel Kahneman, psychologue, a eu en 2002 le prix Nobel d'économie avec Vernon L. Smith. Le Comité lui a attribué le Nobel car « ses contributions les plus importantes concernent la prise de décision en incertitude, où il a montré comment la décision des individus peut systématiquement s'écarter des prédictions de la théorie économique traditionnelle ». Kahneman interrogeait : « Si nous sommes si rationnels, pourquoi faisons-nous des dizaines de kilomètres pour gagner quelques sous sur des achats mineurs ? Pourquoi assurons-nous à grands frais des objets ménagers bon marché ? Ou, si nous sommes à ce point égoïste, pourquoi laissons-nous des pourboires ou rendons des portefeuilles trouvés même si personne ne regarde ? » Nos comportements ne sont pas toujours rationnels a constaté Kahneman et par ailleurs, l'homme veut limiter les risques en accord avec son éducation.

.../...

En somme, il veut flatter le présent pour limiter les risques de son avenir. L'homme est risquophobe.

Kahneman a travaillé dans les années 1970 avec Richard Thaler dont le livre *Nudge* (Éditions Vuibert) écrit avec Cass R. Sunstein, publié en 2008, inspire de nombreux décisionnaires économiques et politiques dont le président Obama. Thaler rejette l'idée d'une décision économique rationnelle dominante.

Si le rationnel n'est pas dominant, l'intuition tient une part importante dans la construction des décisions : peut-on orienter l'intuition et comment ?

Comment ne pas se tromper en préparant l'avenir tout en cherchant les signes d'un avenir rassurant qui peuvent être contradictoires avec ce qui s'annonce. Préparer l'avenir n'est donc pas une mince affaire, c'est une question de choix, de décision. Si l'on reste au niveau de l'individu, les conséquences sont limitées et sa décision est sans conséquence pour la société. Or la question se pose aussi en termes économiques et sociaux : plusieurs personnes vont acheter tel produit, demander tel service… Les acteurs économiques, administratifs doivent être alors en mesure d'en prévoir les conséquences. Comment ces acteurs peuvent-ils anticiper ces mouvements ?

Chapitre 3

Les signaux faibles : un état d'esprit

Avant d'entrer dans la méthode de recherche des signaux faibles, il convient de nous intéresser à une capacité qui, comme l'intuition, est propre à chacun et demande à être cultivé : la curiosité.

Être curieux

L'état d'esprit favorable à la recherche des signaux faibles prend naissance dans l'éveil de notre intuition créative. Et pour favoriser cette intuition, il faut apprendre à développer la curiosité.

Un signal faible est un fait, un événement qui peut paraître para-doxal et qui inspire réflexion… pour imaginer le possible comme l'impossible, se tourner vers le futur tout en recherchant les causes pour les comprendre et découvrir l'essence de l'événement.

Donc dans un signal faible, il y a l'événement, le futur et ses causes.

Chercher les signaux faibles, est d'abord un état d'esprit. Il n'y a pas de rubrique « signaux faibles » dans les médias ou plutôt si, il peut y en avoir, ou une rubrique « décryptage », ou une rubrique « à noter », ou une rubrique « curiosité », ou une rubrique… Les intitulés ne manquent pas. Mais il faut faire preuve de prudence, ce sont les signaux faibles qu'a remarqués le média, donc qui sont en rapport direct avec son thème de travail, et donc le plus souvent en lien direct avec celui-ci.

Un signal faible éruptif

Le 23 mars 2010, j'interviens dans une entreprise de créations de produits d'équipement de la personne pour la sensibiliser aux signaux faibles détectés pendant les dernières semaines. L'objectif est d'éveiller les équipes de création à un large éventail de créations possibles ou impossibles qui peuvent les concerner dans un avenir plus ou moins proche. L'idée est, à l'occasion d'une réunion d'une demi-journée de les aider à prendre du recul, de voir avec un œil nouveau les consommateurs de leurs produits, de considérer leur cadre de vie actuel et d'imaginer leur cadre de vie futur dans dix ans, voire plus. Je fais des parallèles avec d'autres marchés dont je pense qu'ils les intéressent et les conduits à regarder différemment le monde qui les entoure. Comme d'habitude, je termine la préparation de mon PowerPoint la veille afin d'être au plus près de leurs préoccupations. Ma dernière diapo a pour titre « Le monde est fait d'imprévu ». C'est un communiqué AFP : Islande, l'éruption volcanique s'intensifie. Je leur parle alors du Laki, ce volcan islandais appelé « le volcan de la Révolution française » dont l'éruption très puissante en 1783 et 1784 avait eu une influence sur le refroidissement de l'hémisphère nord. L'anecdote amuse. A-t-elle interpellé ? Je ne sais pas.

Et chacun se souvient que le samedi 17 avril 2010, le nuage de l'éruption mentionnée par l'AFP et qui s'était intensifiée bloquait le trafic aérien de la moitié de l'Europe pendant une semaine car le volcan traversait un glacier et ses poussières éruptives se mêlaient à la vapeur d'eau du glacier fondu en un immense nuage à 6 kilomètres d'altitude. Les vulcanologues craignaient un réveil des volcans voisins avec des conséquences plus importantes.

.../...

Pourquoi avais-je mentionné cette éruption volcanique à peine mentionnée le 22 mars ? Je crois que j'avais été sensibilisé par la sécheresse dans le Guangxi (sud de la Chine), en Thaïlande, au Laos et au Vietnam qui touche des dizaines de millions de personnes et peut avoir une influence sur la culture du riz qui serait remplacé par du maïs du fait du manque d'eau, et pourrait avoir une incidence sur le cours du riz, aliment de base en Asie. Le phénomène météorologique El Niño pouvait en être responsable. Et ce phénomène El Niño qui réchauffe le Pacifique pouvait avoir un lien avec des éruptions volcaniques comme celle du Pinatubo aux Philippines en 1991.

Comment est né ce signal faible ?

Si nous reprenons ce processus, une première intuition a remarqué cette éruption volcanique mineure du 22 mars 2010 et l'a retenue comme un signal faible, voire très faible. Expliquer cette intuition relève d'un véritable travail de recherche mental. Force est de constater alors que cette intuition est le fruit d'une véritable construction raisonnée. Plusieurs thèmes de recherche sont des préoccupations actuelles qui ont permis de construire ce raisonnement.

Le climat, qu'il soit en réchauffement ou en refroidissement, est un thème essentiel. Depuis février 2010, les débats contradictoires sont de plus en plus nombreux autour du GIEC. Des accidents climatiques, non liés au changement du climat, sont aussi relevés : le constat que la ville de Djakarta (Indonésie) s'enfonce (février), l'origine de El Niño identifiée par une équipe franco-japonaise en mars, la tempête Xynthia de fin février 2010 ou ici une éruption volcanique.

.../...

Le cours des céréales est un autre thème de mise en éveil. Le riz notamment a connu une hausse brutale et forte en 2008 et a contribué à la panique alimentaire mondiale de cette époque avec une baisse des cours presque aussi rapide en fin 2009. Depuis quelques mois, les cours remontent et une attention particulière est portée à ce sujet sensible.

La Chine est en fort développement et devient la locomotive du monde. Mais des limites existent qui peuvent être la bulle immobilière, la paix sociale, les répercussions du climat sur la vie chinoise. Une attention particulière est donc portée sur les régions isolées et fragiles de Chine qui peuvent avoir des impacts sur celles favorisées de la côte est.

Donc ce signal faible avait peu d'importance le 22 mars. Ce jour-là, j'aurais d'ailleurs pu noter d'autres signaux faibles. Pourquoi remarquer celui-là plutôt qu'un autre ? *A priori*, ce n'est que le fruit d'une intuition, d'une curiosité, d'un choix d'information. J'estimais très peu probable – d'un souhait de peu de probabilité – une forte explosion volcanique mais j'avais des éléments de justification pour en parler et sensibiliser les participants à cette réunion à l'improbable. D'où ce titre au-dessus de l'information « Le monde est fait d'imprévu ». Je ne croyais pas que cet imprévu bloquerait l'Europe occidentale et l'Atlantique Nord trois semaines plus tard !

Cette curiosité dans la recherche de signaux faibles est fondée sur deux composantes :

- une ouverture d'esprit ;
- un esprit critique.

• • • • • • • • • • • • • • • • • •

Une ouverture d'esprit

L'exemple cité – l'éruption du volcan islandais – montre bien que les informations à l'origine du recueil de ce signal faible se sont entrechoquées non pas sur Google ou sur un autre moteur de recherche, ni dans le classement des informations sur des fiches ou des dossiers, mais dans les neurones du cerveau ou si l'on veut sur le disque dur du cerveau.

Car ne nous y trompons pas, notre ordinateur, les moteurs de recherche, tous les systèmes payants ou gratuits disponibles peuvent avoir toutes les puissances imaginables, c'est notre cerveau qui est le siège de la curiosité, de l'intuition, de la rencontre des informations. Les outils auront préparé le terrain. Notre cerveau fera le reste. C'est de lui que sortent les signaux faibles.

L'effet domino ou systémique des signaux faibles

Dès lors, on peut en effet parler d'effet domino : une information déclenche l'autre. Et dans le cerveau, c'est extrêmement rapide. Pourquoi y avoir pensé ? On ne sait pas trop, mais la pensée est là, arrivée en quelques millièmes de secondes… Dans le langage actuel, on parle plutôt d'effet systémique. Le sens est identique : l'une entraîne ou fait chuter l'autre.

> **L'effet systémique, un accélérateur de perception de signaux faibles**
>
> La crise financière de 2008-2009 est dite systémique.
>
> On identifie son origine aux États-Unis. Après la bulle Internet de 2000 et les attentats du 11 septembre 2001, les taux d'intérêt bas avaient pour but de faciliter le crédit donc maintenir, voire accroître la consommation. .../...

Le crédit consommateur le plus important est alors aux États-Unis le crédit immobilier. Courant 2006, les prix de l'immobilier ont cessé de monter et le système s'est enrayé : la garantie du prêt était le prix de la maison, son hypothèque. Les plus modestes furent dans l'impossibilité d'honorer leurs prêts (crédits immobiliers douteux dits *subprime*).

L'effet domino, la crise systémique, se mit en marche : faillite de ménages modestes, faillite d'établissements de crédit, accélération de la chute de l'immobilier, faillite d'établissements de crédit de plus en plus importants jusqu'à celles des refinanceurs de crédit, Freddie Mac et Fannie Mae, et enfin celle de la banque Lehman Brothers le 15 septembre 2008 qui affola les bourses mondiales.

En effet, les crédits immobiliers trop généreux (*subprime*) étaient fondus avec d'autres crédits (automobile, consommation, etc.) et revendus sous formes d'obligation (processus appelé « titrisation ») sur le marché financier mondial. Ainsi est née la crise financière mondiale la plus importante depuis 1929.

Le domino a sa logique. D'ailleurs cette logique est si fameuse que la chute de domino est un spectacle où l'on utilise des milliers de dominos. À l'inverse, il est difficile d'imaginer quelque chose qui ne soit pas systémique. Le simple fait de respirer est considéré comme systémique puisque l'air que l'on respire est tributaire de sa qualité, donc des émissions de gaz, vapeurs d'eau, particules qui y cohabitent. Donc la nature elle-même influe sur cette qualité de l'air, s'il est trop sec ou trop humide, trop chargé en gaz carbonique ou en souffre, etc. Tout est systémique, tout dépend ou influe sur l'autre. Tout est lié. « Tout est dans tout et réciproquement », comme aurait dit Pierre Dac. Rien n'est seul. Chaque événement, information, est nécessairement lié à un autre.

**Le savoir par les relations :
effet de mode ou effet de fond ?**

Depuis l'explosion d'Internet à la fin des années 1990, le savoir des individus s'éloigne des objets pour aller vers les relations entre eux. Ici on parle d'écosystème, là de Web 2.0 dont on vante la puissance (Facebook, Twitter), là encore de co-intelligence, de la mise en commun des savoirs, etc.

Est-ce un effet de mode ou un effet de fond ?

Il y a une nuance cependant : on choisit quel domino fera tomber l'autre ou à l'inverse quel domino a été renversé par quel autre domino. L'effet domino est un choix de succession d'actions et ce choix n'est pas unique ; nous y reviendrons.

L'écosystème des signaux faibles

Le mot « systémique » qui désigne donc une logique de liens entre différents éléments est victime de son succès. Il est utilisé dans un emploi abusif. On parle aujourd'hui de plus en plus d'écosystème. Le mot « écosystème » a été emprunté à l'univers écologique où un écosystème désigne une unité de base de la nature avec ses êtres vivants. Dans cette unité de base, dans cet écosystème, la vie fonctionne en équilibre, en liens. En équilibre et non pas en harmonie car dans la nature il y a à tous niveaux des prédateurs et des proies.

Le terme écosystème a été élargi à un système économique fermé. Dans ce cas, il n'y a pas de prédateur dans le système – ils existent bien sûr à l'extérieur du système –, mais un système économique cohérent favorisant le développement de chacune des composantes et du système dans son tout.

Au cœur d'un écosystème, souvent un signal faible

James Cameron a créé un écosystème autour de son film *Avatar* sorti en décembre 2009, le premier immense succès du cinéma 3D qui se regarde avec des lunettes spéciales, premier film mondial en nombre d'entrées et en chiffre d'affaires (deux milliards de dollars de recettes mondiales à avril 2010).

On dit que James Cameron a maturé son film pendant de nombreuses années, attendant que les connaissances techniques lui permettent de l'aborder comme il le souhaitait.

Il a inventé une machine composée de deux caméras pour donner l'impression du relief. Il a convaincu les exploitants de salles et les majors du cinéma de s'intéresser au cinéma 3D. Il a imaginé un système permettant de se passer des lunettes 3D pour voir le relief sur de petits écrans. Il a inventé le langage des Na'vis… les humanoïdes de Pandora. *Avatar* est donc bien à la source de créations et de brevets, et en tant que tel est un écosystème tel que le mot est compris aujourd'hui.

James Cameron a fait preuve d'ouverture d'esprit en abordant un film aussi bien par son scénario, par sa technique de conception, par sa technique de diffusion et par des variantes techniques, sans oublier les développements classiques de produits annexes comme le DVD, les licences de marque en jeux, jouets et autres. Et pourquoi pas une suite. Il aurait pu se contenter de faire le film avec les moyens existants, au moment où il en avait eu le projet. C'est sa recherche de perfection qui l'a poussé à attendre le bon moment, les bonnes compétences techniques, et à aller au bout de son idée. Ce n'est sans doute pas lui qui s'est dit qu'il allait créer un écosystème, mais le constat des observateurs. L'écosystème est d'« aller au bout de son idée ».

Un esprit critique

La recherche de signaux faibles requiert un état d'esprit associant ouverture d'esprit et esprit critique.

Avoir l'esprit critique, c'est s'interroger sur les faits, sur les aspérités de ces faits, l'étonnement qu'ils provoquent, les relations entre les faits, les conclusions, les commentaires, etc. Dans l'absolu, cette interrogation est sans fin. Elle pousse à la suspicion, à la méfiance, à la défiance. Cet absolu est dangereux. Dans la recherche de signaux faibles, l'esprit critique consiste en une démarche de validation des signaux afin de ne pas les noter puis les interpréter trop rapidement.

Il suffit parfois de lire les documents à la source de l'information pour nuancer les conclusions qui en ont été faites.

Attention, un signal fort peut cacher un signal faible incompris

En septembre 2007, le CREDOC (Centre de recherche pour l'étude et l'observation des conditions de vie) rend public une étude intitulée « Étude sur la perception par les consommateurs des prix des produits frais » (fruits et légumes, poissons et coquillages). Cette étude est motivée par la polémique sur les prix des fruits et légumes frais ainsi que leur baisse de consommation.

Les conclusions sont reprises par la presse avec notamment comme titre « Fruits et légumes. Les dangers de la hausse des prix » illustré par un panier de légumes avec une petite ardoise et l'inscription « trop cher ». Toutes les informations vont dans le même sens : si les Français consomment moins de fruits et légumes, c'est parce qu'ils sont trop chers. CQFD.

.../...

La synthèse de l'étude est disponible sur Internet. Sa conclusion est : « La baisse structurelle de la consommation de produits frais est avant tout liée à un effet générationnel plutôt qu'à un effet prix. Pourtant en raison d'une mauvaise perception de la réalité des prix des fruits et légumes, les consommateurs déclarent avant tout acheter peu ces produits en raison de leur cherté. La deuxième raison est celle d'une mauvaise conservation des produits. Les raisons évoquées sont les mêmes pour les produits de la mer. »

Un schéma, certes un peu compliqué à lire pour qui veut aller vite, vient à l'appui et explique que chaque génération, par tranche de dix ans, dépense 66 euros de moins en fruits et légumes par an depuis ceux nés entre 1937 et 1946 jusqu'à ceux nés entre 1977 et 1986 qui dépensent respectivement entre 400 et 70 euros par an. Donc chaque génération achète moins de fruits et légumes frais car le modèle alimentaire se simplifie et va vers une alimentation de plus en plus pré-cuisiné. Le recul des achats serait justifié par la difficulté de conservation, car les nouvelles générations programment peu leurs repas. Enfin l'étude relève une « bonne connaissance de la formation des prix » par les Français.

De toute évidence, la presse n'a pas repris les conclusions de l'étude du CREDOC sur laquelle elle a argumenté ses conclusions. Or lorsque l'on reprend ces éléments devant tout public, le prix élevé des fruits et légumes revient comme un leitmotiv de non-consommation et l'effet générationnel est oublié. La communication simpliste a laissé des traces, l'approche générationnelle a été oubliée.

On peut l'avouer, cette démarche critique n'est pas compliquée puisqu'il s'agit simplement de revenir à la source de l'information, source fiable ici car le CREDOC est réputé pour sa rigueur. L'expression « esprit critique » est même généreuse vis-à-vis d'une démarche aussi simple mais néanmoins nécessaire et insuffisamment accomplie.

Dans le deuxième exemple, le document source ne fournit pas toutes les informations nécessaires, il faut aller plus loin dans les bases de données du même émetteur, ce que facilite grandement aujourd'hui l'utilisation d'Internet puisque toutes les sources y sont diffusées.

Attention, un signal fort peut cacher un signal faible incompris – *bis*

En 2009, la France entreprend une importante démarche de refonte de son système de santé et notamment un projet de loi siglé HPST (hôpital, patient, santé et territoire). Ce sigle abscons couvre une immense partie de la santé en France. Les médecins sont parmi les acteurs essentiels de la santé en France. La DREES (direction de la recherche, des études, de l'évaluation et des statistiques, ministère des Affaires sociales) a publié en février 2009 une étude qui sert de base de réflexion au travail sur la future loi HPST, *La Démographie médicale à l'horizon 2030 : de nouvelles projections nationales et régionales*. Cette étude est disponible sur Internet.

L'essentiel de cette étude est un « schéma prospectif indiquant le nombre et la densité de médecins en activité d'après le scénario tendanciel de 2006 à 2030 » repris largement par les médias. Il est rassurant car devant le départ à la retraite des nombreux médecins natifs du baby-boom, la levée progressive du *numerus clausus* (le nombre de médecins formés annuellement entre dans une quantité définie par le ministère) garantit l'activité d'un nombre suffisant de médecins.

Le scénario tendanciel est expliqué dans le document : il « repose principalement sur l'hypothèse de comportements des médecins constants ». Et ailleurs : « Avec l'hypothèse faite dans le scénario tendanciel selon laquelle la proportion de femmes parmi les jeunes médecins entrant dans la vie active

.../...

reste constante [base 2006], en 2022, les femmes médecins seraient aussi nombreuses que les hommes. En 2030, elles seraient majoritaires : 53,8 % des médecins seraient des femmes, en particulier, 56,4 % des généralistes. » Or les échos qui viennent du corps médical et des universités de médecine signalent plutôt une féminisation très poussée.

En janvier 2009 soit un mois plus tôt, la DREES publiait l'historique 2004-2008 des « affectations des étudiants en médecine à l'issue des épreuves classantes nationales (ECN) en 2008 » disponibles sur Internet. On y lisait en particulier que les femmes passaient de 57,9 % des médecins en 2004 à 63,7 % en 2008 soit + 1,16 % par an.

Donc le schéma tendanciel est erroné : la féminisation de la médecine est réelle et constante au moins sur les cinq dernières années. Le scénario tendanciel devient un scénario optimiste puisque statistiquement les médecins femmes travaillent moins dans leur durée d'activité que les médecins hommes.

La réflexion aboutissant à la loi HPST part de toute évidence sur de mauvaises bases.

Plus tard en septembre 2009 les statistiques démographiques de l'Ordre national des médecins constatent une baisse inédite de 2 % du nombre des médecins. En avril 2010, une étude de l'Ordre met en avant la salarisation en hausse des médecins et la disparition progressive des libéraux.

En fait, l'erreur de la DREES est de calculer le nombre de médecins. Il faut les compter par le temps d'activité disponible dont ils disposent. Le constat est évident : une femme médecin, un médecin salarié, produit moins d'heure de consultations qu'un médecin libéral. Si la DREES était partie sur la base de leurs heures d'activité disponibles, les conclusions auraient été toutes autres et le *numerus clausus* aurait été relevé de toute urgence.

Il vaudra mieux ne pas être malade en France entre 2015 et 2025…

Les exemples ne manquent pas : en partant d'une information, on remonte aux sources mentionnées pour constater que soit les conclusions de la source ou de l'étude rendent possible une autre conclusion, soit l'interprétation des conclusions de l'étude ou de l'enquête est biaisée, soit encore l'étude ou l'enquête elles-mêmes auraient pu aboutir à d'autres conclusions.

Dans ce troisième exemple, on note que l'orientation politique ou économique du support met en avant tel ou tel aspect.

Chacun interprète une étude pour émettre son signal

En mars 2009, l'Insee publie une étude titrée *Le Patrimoine économique national de 1978 à 2007. Trente années au rythme des plus-values immobilières et boursières.*

Évidemment, en analysant l'évolution du patrimoine sur une période qui s'arrête la veille de la crise financière débutée en septembre 2008, les conclusions sont en contradiction avec la situation au moment de la parution. La prudence aurait voulu que le titre de l'étude inclue cette mise en garde. Sur cette base d'information, voici les titres de plusieurs journaux au lendemain de la parution :

Les Échos : « Le patrimoine des Français en baisse pour la première fois depuis trente ans. Le patrimoine des ménages français devrait baisser en 2008 pour la première fois depuis trente ans, en raison du recul de la Bourse et de l'immobilier, selon l'Insee… »

L'Expansion : « La crise a interrompu trente ans d'enrichissement des Français… »

Le Figaro : « Le patrimoine des Français a doublé en trente ans ».

L'esprit critique est donc aussi simplement le fait de connaître le parti pris de l'émetteur.

Esprit critique et prudence

L'esprit critique est donc bien un signe de prudence devant une information captée, quelles que soient sa source et la séduction qu'elle représente. Nous sommes tous victimes de la rapidité du jugement, notamment lorsque l'information joue sur le registre de l'émotionnel. L'affaire de Timisoara en Roumanie en est un parfait exemple. En décembre 1989, un charnier de 4 000 à 70 000 corps est mis au jour, dont on annonce qu'ils ont été fusillés par la Securitate, police politique du pouvoir dictatorial en place. En fait, la réalité était tout autre, il s'agissait d'une mise en scène de cadavres déterrés dans le cimetière de la ville. On ne le sut que fin janvier 1990 après que le pouvoir de Ceausescu, le président roumain, eut été renversé. Les exemples sont multiples de la précipitation du jugement. Nous l'avons vu avec le prix des fruits et légumes qui seraient responsables de leur déconsommation. De fait, lorsque l'information va dans le sens attendu elle amplifie le jugement et conforte le signal faible. C'est dans ce contexte que l'esprit critique se doit de rester éveillé pour conserver le recul nécessaire à l'écoute puis à l'analyse de l'information.

Par essence, communiquer, c'est interpréter

En février 2008, la hausse des prix des produits alimentaires est mondiale. On parle de flambée des prix, de crise alimentaire mondiale, de trente-sept pays concernés (source FAO). En France, la distribution a connu début 2007 ses premières grèves importantes, ses résultats économiques baissent, les marges arrière nées de la loi Galland sont contestées, le rapport Attali (janvier 2008) fait des vagues notamment en demandant la libéralisation de la création de commerces, la distribution est tenue en grande partie pour responsable de la reprise de l'inflation.

.../...

Le dimanche 26 février, un communiqué de presse de l'INC (Institut national de la consommation) relève des hausses vertigineuses entre fin novembre 2007 et début janvier 2008 de prix de pâtes de + 45 %, de yaourt jusqu'à + 40 %, de lait jusqu'à + 37 %, de jambon de + 44 %.

L'effet a été immédiat. L'ensemble des médias s'émeut de ces hausses de prix dignes de spéculateurs alors que le pouvoir d'achat est menacé. Le lundi 27, le Premier ministre lance une opération « coup de poing » sur une vingtaine de produits vendus en grandes surfaces.

Le mensuel de l'INC, *60 millions de consommateurs*, sort le mardi 28 avec en titre « La liste noire des prix qui flambent » et un dossier spécial de plusieurs pages. En bas de la page 44, *60* expliquent comment il a procédé pour relever les prix de dix familles de produits, sur cinq enseignes soit mille cinquante-cinq références entre novembre 2007 et janvier 2008. Les cinq enseignes sont cinq sites Internet dont ceux de Leclerc Roques-sur-Garonne, Hyper U des Herbiers, Intermarché d'Angers, et Auchan Direct et Ooshop (Carrefour).

Autant dire que ce travail n'a strictement aucune valeur d'étude. Étudier les prix sur Internet de trois magasins et de deux enseignes dont les sites représentent très peu de chiffre d'affaires et par ailleurs, comme on le sut par la suite, ne pas faire la différence entre des promotions et des prix réguliers est moins fatigant que de descendre dans la rue Lecourbe où est installé *60* et de relever les prix du Monoprix en bas de l'immeuble, Casino, Franprix, Ed et Picard dans un rayon de 50 mètres.

Pourtant l'information a fait l'effet d'une tornade. Parue le dimanche, elle a été reprise immédiatement par les médias et mise en scène par le gouvernement dès le lundi. Le grand public n'a peut-être su que bien plus tard que les chiffres n'avaient pas de valeur générale.

Cet esprit critique, cet esprit de prudence sur l'information que l'on lit – y compris dans ce livre ! –, que l'on entend, que l'on voit, est une gymnastique de l'esprit qui devient vite naturelle. En sens inverse, toute information utilisée doit être « sourcée », référencée, en souhaitant que la source soit valide…

Chapitre 4

Recueillir
les signaux faibles

Les sources de signaux faibles

Les signaux faibles sont partout et nulle part. Nulle part si l'on passe à côté sans les remarquer. Partout si l'on est en éveil permanent. Être en quête de signaux faibles, c'est bien un état d'esprit, une curiosité qui nous met en éveil permanent. Dès lors, la chance et le drame de notre monde de communication sont que justement l'information est partout disponible. Avec le développement du numérique, les médias sont encore plus nombreux et les supports se sont multipliés : on peut écouter un article de son journal favori en faisant du sport ! Souvenons-nous qu'avec le développement d'Internet à la fin des années 1990, on nous avait prédit la fin du livre, il en sort chaque année de plus en plus et, depuis vingt ans, la presse magazine ne cesse de se développer. De plus, de très nombreuses études qui dormaient sur les étagères sont aujourd'hui disponibles sur Internet. Et depuis la création des trente-cinq heures de travail hebdomadaire il y a dix ans, on n'a jamais eu aussi peu de temps pour soi. Pourquoi ? Parce que les sollicitations d'activités se sont multipliées !

La question qui se pose n'est plus celle de la disponibilité de l'information, mais bien celle de la qualité de l'information recherchée. Comment faire rapidement son tri au milieu de ces milliers de sources disponibles ? C'est la question qui taraude toute personne sensibilisée à la recherche précise d'informations. On se rend vite compte que certaines sources sont plus riches, plus précises, plus documentées que d'autres.

Voici une liste non exhaustive et sans aucun doute comportant de graves lacunes de sources régulièrement utiles, voire nécessaires. Par commodité, on peut les regrouper en quatre familles : les sources de fond, les sources quotidiennes, les sources non organisées, les sources auxquelles on ne pense pas.

› Les sources de fond

Les sources de fond sont nécessaires pour valider certaines informations notamment quantitatives. Ces sources de fond sont de deux natures : les sources institutionnelles et les sources privées.

Les sources institutionnelles

Les institutions produisent un nombre incroyable d'études, de notes, de réflexions, etc. Tous les sujets sont abordés depuis le recueil d'information jusqu'à son analyse, puis des recommandations.

Voici une sélection des principales sources.

Pour la démographie en France et ailleurs : *www.ined.fr*.

Pour de très nombreuses statistiques françaises : *www.insee.fr*.

Pour se renseigner sur de très nombreux sujets gratuitement ou à prix modique : *www.ladocumentationfrancaise.fr*. Disponible sur le site de la bibliothèque des rapports publics qui compte six mille cinq cents rapports en accès libre et propose une lettre d'information de sortie des nouveaux rapports produits par les ministères, les assemblées, commissions, observatoires, commissariats, etc.

Pour des études anticipant les évolutions possibles sur les domaines économique, social et environnemental, le conseil du même nom *www.conseil-economique-et-social.fr*. Le conseil (CESE) regroupe des chefs d'entreprises, salariés, consommateurs et acteurs de l'environnement.

Chaque ministère produit des études et notes. Il suffit de se rendre sur le site du ministère concerné. À titre d'exemple :
- le ministère de l'Agriculture *(http://agreste.agriculture. gouv.fr)* est une mine de renseignements sur tous les sujets concernés de la production à l'alimentation ;
- le ministère de la Santé *(www.sante.gouv.fr/drees)* ;

- le ministère des Affaires étrangères effectue une veille internationale technologique remarquablement bien faite au travers de l'ADIT (Agence pour la diffusion de l'information technologique – *www.adit.fr*), s'abonner sur le site.

Et ainsi de suite pour chaque ministère.

En matière de prospective, le Centre d'analyse stratégique (*www.strategie.gouv.fr*) travaille en veille française et internationale sur de nombreux sujets variant selon les années. Abonnement possible aux publications sur le site.

En ce qui concerne les territoires, la Datar (*www.datar.gouv.fr*), ex-DIACT, est une source importante.

L'Union européenne, l'OCDE, l'ONU… à toutes les échelles des régions, continents, et du monde, les statistiques, études, recommandations, prospectives ne manquent pas.

Les sources privées

À côté de ces sources institutionnelles, les sources privées diffusant de l'information sont aussi nombreuses. En voici quelques-unes parmi les sociétés d'études qui ont toutes des lettres d'information.

TNS Sofres (*www.tns-sofres.com*) qui est devenu Kantar publie de nombreuses études sociétales comme Ipsos (*www.ipsos.fr*) ou le Crédoc (*www.credoc.fr*). Le Bipe (*www.bipe.fr*), conseil en stratégie spécialisé dans la prévision économique et la prospective appliquée, a des approches originales.

Selon ses propres centres d'intérêts, il existe de très nombreux organismes, syndicats professionnels, centres d'études, qui sont sources d'information que chacun trouvera sur Internet. Ainsi, en matière d'agronomie, l'Inra (*www.inra.fr*) est un excellent exemple.

› Les sources quotidiennes

Les sources quotidiennes sont innombrables. Il est inutile d'en citer de sérieuses sans en oublier. Il en faudrait des livres pour ne vexer personne par un oubli.

Les médias classiques

La radio, la télévision, la presse, Internet sont des sources sans fin. Il faudra faire le tri. Chaque média diffuse de l'information quotidienne, des commentaires, des débats mais aussi des magazines sur tous les sujets possibles, des informations générales, scientifiques, politiques, médicales, d'éducation, de santé, de loisirs, de société, de psychologie, de philosophie, d'économie, du bâtiment, de la pêche, de l'agriculture, d'informations internationales, locales, etc.

Ces médias – radio, télévision, presse, Internet – sont aujourd'hui aussi bien nationaux qu'internationaux. On peut savoir minute par minute, seconde par seconde, ce qui se passe dans n'importe quel pays du monde si tant est qu'il est démocratique, écouter, lire, assister à des débats de tout niveau sur tous sujets.

Or tout peut avoir un intérêt comme l'évolution des phénomènes de sociétés chez nos voisins, les dernières découvertes technologiques, les succès du cinéma, les résultats des élections générales dans quelque pays que ce soit, etc.

Les médias sont donc un reflet extraordinaire de ce qui se passe, se dit, se vit dans le monde.

Un mot particulier sur Internet. Sur ce nouveau média, il existe de formidables sites (ou des blogs) qui recoupent de nombreuses informations par thèmes comme le social, l'économie, la politique, etc., qui font un travail important de tri de l'information et aboutissent à une qualité certaine.

Mais il ne faut pas se tromper, dans très peu de temps les médias classiques, donc papier, seront aussi bien lisibles depuis leur site qu'avec un appareil portable lisant un tag sur le support papier qui permettra de joindre immédiatement la page du site Internet. Et l'on voit des sites créer des versions papier… Le papier et Internet ne seront que des variantes de supports médiatiques. Et l'on se rendra compte pleinement de la qualité de certains journalistes dans leur métier d'enquêteur, d'intervieweur, quel que soit le support.

Les nouveaux médias

À ces sources quotidiennes innombrables s'ajoutent ce que l'on appelle aujourd'hui le Web 2.0, les blogs et les réseaux sociaux comme Facebook ou Twitter, donc tous les commentaires, échanges, ou informations diffusées par tout un chacun. Leurs informations sont plus subjectives que les médias classiques. Il faut donc connaître les motivations de l'émetteur. Wikipedia (site collaboratif) peut être considéré éventuellement comme fiable…

Certains blogs sont des mines de renseignements. Il faut être attentif à leur dynamisme et vérifier les dates des dernières contributions…

Des lieux de communication

Les salons ont pour but de montrer les derniers produits ou les derniers services d'un domaine. Chaque ville dispose d'un ou de plusieurs lieux d'exposition où sont listés ces salons. L'intérêt de leur visite est triple : être au courant des dernières nouveautés, « sentir » les prochaines créations au travers des prototypes ou maquettes qui sont encore à l'état expérimental. Le troisième intérêt est dans les rencontres, les discussions et ce que l'on peut entendre sur les stands ou dans les salles de conférences. Chacun a envie de démontrer à l'autre qu'il en sait plus sur le sujet, que ses produits sont plus en avance, que sa réflexion est de pointe, etc.

Les salons, expositions, conférences sont des mines de signaux faibles.

Faire le tri entre toutes ces sources

Clairement, il faut effectuer un tri, limiter ses sources régulières, en tester de nouvelles, aller de-ci, de-là. En tout état de cause, le temps disponible est la limite naturelle de la consultation, l'autre limite étant la curiosité qui pousse à aller voir de nouvelles sources… et donc à se séparer d'anciennes…

Et dans tout ce maelström, chaque support a son rôle : le papier comme les ondes, l'écran de la télévision comme celui de l'ordinateur, celui du téléphone portable comme celui du eBook, les salons comme les conférences.

> Les sources non organisées

Les sources non organisées, spontanées, se révèlent au fil du temps et des espaces.

La rue

Les sources non organisées, c'est la rue, le métro à 8 heures du matin, un film, un spectacle de danse, un voyage en train. C'est regarder autour de soi ce que lisent nos voisins, comment ils sont habillés, ce qu'ils ont dans leurs oreilles. C'est regarder les murs de la ville, les affiches, les voitures, les deux roues, les piétons, les vitrines des magasins, les parcs et jardins, etc. C'est s'arrêter à quelque chose de nouveau, d'inattendu, de dérangeant. La rue, si l'on prend ce terme générique pour désigner l'espace public, semble ne pas changer, et pourtant ! Il y a de nombreuses années, plus de vingt ans, il ne fallait pas manquer les débuts des rollers ou des skateboards qui ont préfiguré la tendance de la glisse et le retour de la trottinette un peu plus tard.

La rue, c'est prendre une boisson sur une terrasse et regarder… D'ailleurs en quelques années, les terrasses de café se sont métamorphosées avec l'interdiction de fumer dans des espaces clos, et les cafés eux-mêmes se métamorphosent avec une clientèle plus jeune dans les villes et des écrans de télévision qui meublent les murs et attirent la foule les jours de match. Oui, la rue est bien un spectacle en mouvement permanente qu'il vaut la peine d'observer.

Signal faible : le roi bébé dans la rue, une rupture générationnelle

La rue change. Depuis une bonne dizaine d'années les poussettes de bébé sont devenues de plus en plus « sportives », permettant aux parents de faire leur jogging tout en poussant « junior » dans sa nacelle sur roulettes. Et lorsque junior a un petit frère ou une petite sœur, il dispose d'une plateforme sur laquelle il se tient fièrement debout en se tenant à la poussette. Plus tard, la nounou disposera d'une poussette double pour s'occuper en même temps du petit du voisin. Et chose inimaginable il y a cinquante ans, papy, plus de soixante ans, poussera bébé dans sa poussette dans la rue !

Signal faible : et vous le dimanche matin, vous êtes pain frais ou pain congelé ?

Je vais régulièrement acheter le dimanche matin des croissants et une baguette. Je suis frappé de constater qu'il y a en moyenne une femme pour neuf hommes dans la boulangerie. Est-ce un signal faible de la galanterie des hommes de mon quartier ? Est-ce un signal faible de la prudence des hommes de mon quartier ne laissant pas sortir leurs femmes le dimanche matin ? Est-ce un signal faible que le dimanche les enfants du quartier restent au fond de leurs lits ? Est-ce un signal faible que les hommes de mon quartier sont des hommes soumis ?

Les créateurs

Les créateurs – cinéma, danse, écriture, beaux-arts, architecture, etc. – sont en général des êtres à fleur de peau, particulièrement sensibles au monde qui les entoure et expriment leur interprétation du présent et leur vision d'un monde futur. Ils traduisent immédiatement les signaux faibles dans leur art car leur sensibilité est l'expression même des signaux faibles. Les lieux d'exposition ou de spectacles fourmillent d'idées, ils peuvent être sauvages ou organisés. Ainsi par exemple, les scènes de danse ou de théâtre utilisent de nombreux supports de communication comme la vidéo, des effets de lumière très recherchés qui aident entre autres à faire varier les plans de la scène, des sons jouant sur différents registres et accentuant les espaces, etc. Il suffit parfois lors d'un spectacle de regarder l'âge du public ou l'expression des visages pour noter la différence des perceptions générationnelles.

Les investisseurs

Parmi les sources de signaux faibles non organisées, il y a les investisseurs, les financiers, les créateurs de richesse. Ce sont des instinctifs doublés d'un mélange subtil d'audace et de prudence, encadrés par des équipes variées de conseils. En général, leurs investissements surprennent, sont compréhensibles *a posteriori* et traduisent le fait que l'on a un temps de retard sur... leurs signaux faibles. Le jour où l'on parvient à anticiper leurs actions, on a progressé en recueil et interprétation des signaux faibles.

En avril 2007, PPR, groupe de luxe (ancien groupe Pinault) – Gucci – et de distribution spécialisée – La Redoute, Fnac, Conforama –, a surpris le marché en se portant acquéreur de 27 % du capital de Puma. À l'époque après avoir vu Adidas et Nike grossir suite à des achats successifs, le marché s'interrogeait pour savoir de qui Puma pourrait bien se porter acquéreur. À la surprise générale, Puma fut la proie et non le prédateur.

C'est donc *a posteriori* que fut compris l'achat de PPR, le groupe se tournant progressivement vers le luxe alors que son origine était le bois ! Or la démarche d'un investisseur est plus dans la réalisation financière que dans la passion d'un sujet. En effet, la recherche de réalisation financière, de profit, conduit les investisseurs à travailler par anticipation.

En novembre 2009, pendant le creux de la crise américaine, Warren Buffet, l'une des cinq plus grosses fortunes américaines, achetait pour 44 milliards de dollars le géant américain du transport de fret ferroviaire Burlington Northern (« C'est quand la mer se retire que l'on voit ceux qui se baignent nus » a coutume de dire Buffet). C'était un pari sur la reprise économique et sur l'importance du rail dans le transport futur. Il faut dire que Warren Buffet n'a pas été touché par la crise financière, n'ayant pas acheté de produits dérivés des *subprimes* dont il disait ne rien comprendre :

« Je veux pouvoir expliquer mes erreurs. C'est pourquoi je ne fais que des choses que je comprends. »

PPR et Warren Buffet sont des exemples d'investisseurs connus. Ce sont des détecteurs permanents de signaux faibles. Essayons de les anticiper !

› Les sources auxquelles on ne pense pas

Spontanément, hors les sources institutionnelles, chacun s'intéresse aux sources dites habituelles, les sources quotidiennes, qui sont des sources conformes à ses idées. Ces sources présentent l'avantage d'être facilement captées. Nous les lisons, les écoutons, les regardons régulièrement et elles nous font réagir conformément à nos idées.

Chercher contre ses convictions

Or justement, les signaux faibles émergent aussi, voire surtout d'idées contradictoires. Il faut donc compléter nos sources, après avoir relevé les opinions développées dans les débats, par des sources non conformes à nos idées. Aller contre ses convictions, c'est donc aller sur les rubriques ou les sites de débats contradictoires ; Internet est dans ce cas une mine – trop – inépuisable. Aller contre ses convictions, c'est aussi lire les journaux qu'on ne lit pas habituellement car ils ne sont pas conformes à nos idées et il en existe dans tous les domaines, que ce soit l'information générale ou spécialisée. C'est aussi voir des films, lire des livres, écouter des conférences, visiter des expositions qui vont à l'encontre de nos goûts naturels. Que ce soit dans le domaine politique, économique, social, environnemental, etc., ce type de sources sont nombreuses. Elles seront riches d'idées qui nous contrarient, voire nous heurtent, elles sont donc riches de signaux faibles.

Trouver ce à quoi on ne pense pas

Ces sources sont aussi celles que, spontanément, l'on rejette. Les médias sont truffés de ces informations qui seront ou suggéreront des signaux faibles : ceux qui ont des idées opposées (voir ci-dessus), ceux qui ne s'adressent pas à soi mais à des plus jeunes ou à des plus âgés ou à l'autre sexe. À la télévision par exemple, à un horaire qui nous est inhabituel. Au cinéma, le film qui est du goût d'un ami par exemple. Dans un lieu, un quartier ou un centre commercial où l'on ne va pas. Toutes ces sources paradoxales font émerger des signaux faibles très spontanément ! Ils nous irritent, nous font réagir, nous font bondir.

Trouver ce à quoi on ne pense pas, c'est sortir de sa propre logique par soi-même soit avec l'aide d'une autre personne : le hasard des lectures ou des écoutes, un ami, un élève, une rencontre de hasard.

Afin d'élargir ces recherches, il y a des mots qui contribuent à nous faire réagir comme *paradoxal* ou *paradoxalement*, *iconoclaste*, *contre-courant*, etc. Le mot *paradoxalement* est intéressant, car en l'utilisant, l'auteur donne un avis et son contraire : le travail de signal faible est déjà bien entamé ! Les moteurs de recherche nous aident à trouver l'utilisation de ce mot, comme d'autres qui déclenchent des idées nouvelles, *iconoclaste*, par exemple.

Les iconoclastes

Les colonnes « opinions » de la presse, les débats à la radio, à la télévision, ou sur le Web 2.0, sont aussi des sources non organisées dans lesquelles on peut chercher des idées originales. Des philosophes, des économistes, des entrepreneurs, des artistes, des quidams y expriment des idées à contre-courant, saugrenues, iconoclastes, paradoxales… des idées qui nous dérangent. C'est justement parce que ces idées ne sont pas dans notre logique, dans nos références, qu'il faut en tenir compte et suivre ces auteurs. C'est encore une manière d'enrichir ses propres sources.

Un signal faible non expliqué

Le livre *L'Élégance du hérisson* de Muriel Barbery a du se vendre en 2007-2008-2009 à plus de un million d'exemplaires, ce qui est un succès rare, en n'ayant eu « que » le Prix des libraires 2007 (et le moins connu Prix Georges-Brassens 2006). C'est donc le bouche-à-oreille qui a propulsé ce livre aux sommets. Quels signaux faibles peut-on tirer de ce succès ? Était-il le contre-pied du succès de la série des trois *Millenium*, écrits eux aussi par un inconnu, Stieg Larsson ? Était-ce la fraîcheur de ce récit ? Était-ce la revanche du bouche-à-oreille sur les produits markétés comme les *Harry Potter* ?

Il ne faut pas se priver d'aller vers des sources auxquelles on ne pense pas.

Les sujets de recherche

La recherche des signaux faibles concernant une entreprise ou une entité se fait sur trois niveaux : le sujet lui-même, son environnement immédiat et ses fondamentaux d'existence (voir définition p. 80), puis l'observation de l'environnement de l'entreprise ou de l'entité, enfin ce qui est du domaine du rejet, du refus, de la négation.

Résumés ainsi, la recherche de signaux faibles et donc les sujets de recherche paraissent simples. La réalité est tout autre et les exemples l'ont démontré. Si l'on cherche des signaux faibles sur l'évolution de l'hypermarché, la seule recherche de ses fondamentaux d'existence va diriger notre attention sur des domaines aussi variés que le consommateur, son budget et ses comportements, la fabrication des produits et services courants, l'urbanisme, les nouvelles technologies, etc. Une recherche similaire sur les fondamentaux d'existence de l'automobile sera aussi large sinon plus, dès lors que, dans ce cas comme dans celui de l'hypermarché, on va jusqu'à remettre en cause l'existence même de ce que le sens commun appelle aujourd'hui « voiture » ou « hypermarché ». Or, et c'est bien là aussi le mouvement de notre époque où tous les schémas existants sont remis en cause – par exemple, depuis 1995 le téléphone s'attache à une personne et non à un lieu –, dès 2011 la propriété de la voiture sera remise en cause par la location de la voiture électrique, le développement de l'auto-partage, la voiture de location dans les rues, etc. Avons-nous raison d'utiliser le mot téléphone pour désigner le téléphone mobile alors que s'impose le mot « smartphone » (ou ordiphone) et que l'on sait déjà que dans quelques mois cet objet sera un moyen de paiement et dans quelques années la clé de contact de notre voiture ?

Donc aujourd'hui toute recherche de signaux faibles concernant du mobilier de bureau, les pneus de voiture, le commerce de prêt-à-porter, l'agriculture du sud-est de la France, etc., s'intéresse nécessairement à l'évolution de ces marchés et vu la rapidité des évolutions, à leur devenir, pour tracer la prospective d'une manière générale, une stratégie d'entreprise, l'aménagement d'une région ou l'urbanisme d'une ville ou d'un quartier.

Rechercher les signaux faibles, c'est donc se mettre en position de rechercher les éléments qui nous feront comprendre, imaginer, toucher le monde de demain.

Les différents niveaux des sujets de recherche

La recherche des signaux faibles relève donc d'une réelle ouverture d'esprit et d'un esprit critique, mais cette démarche comporte une limite ou plutôt deux limites.

La première limite est le temps. Jusqu'à présent et semble-t-il encore pour longtemps, les journées ont vingt-quatre heures. Le temps disponible est donc limité quand bien même chacun de nos actes a pour but la mise au jour des signaux faibles.

La seconde limite est le budget. Certes, on peut déléguer cette activité de recherche ou une partie de celle-ci, toujours est-il que le budget instaure des limites, aussi passionnante soit cette recherche.

Et puis une recherche de signaux faibles porte en général sur un sujet : constructeur automobile, territoire, fabricant de jouet, assureur, syndicat professionnel, etc. Tout industriel, toute administration, toute entité, est à la recherche des signaux faibles de son domaine afin d'anticiper les changements.

La recherche de signaux faibles se fait sur trois niveaux.

› Le premier niveau : le sujet, ses fondamentaux d'existence et son environnement

Le premier niveau de recherche de signaux faibles est celui directement du sujet concerné par l'observation, des fondamentaux d'existence et de son environnement immédiat.

Le sujet lui-même et son environnement immédiat

La recherche d'information sur le sujet lui-même comme sur l'environnement immédiat n'est pas difficile à circonscrire ; sa limite est naturelle. L'entreprise existe par sa production, ses équipes, ses fournisseurs et ses clients, ses actionnaires. Chacun dans l'entreprise accomplit ce travail à son niveau, que ce soit le chercheur par ses lectures ou ses centres d'intérêts, le vendeur par sa quête d'information chez les clients, le marketing par ses lectures, les salons qu'il visite, etc.

Pour le constructeur automobile, le premier niveau, le sujet, est la voiture elle-même, ses composants, ses acheteurs (leurs envies, besoins et budgets). Concernant le territoire, c'est sa situation géographique, sa démographie, ses données économiques, les régions voisines.

Les fondamentaux d'existence

Les fondamentaux d'existence ou l'essence d'existence sont les composantes de la valeur de l'existence même de l'entreprise. L'exercice est plus délicat qu'il n'y paraît car il faut se demander quelle est la raison d'être de l'entreprise et, par ricochet, quelle est la raison d'être de ce qu'elle produit. Par exemple, surveiller les signaux faibles du robot ménager, du marché de l'assurance, des nanotechnologies, suppose que l'on définisse le robot ménager, le marché de l'assurance, les nanotechnologies dans ce qui fait qu'ils existent, donc de leurs raisons d'être et du bénéfice de leurs acheteurs.

Le retour aux fondamentaux d'existence pour comprendre un sujet : la brouette

La prospective de la brouette est un sujet qui semble simple voire simpliste. C'est justement ce cas d'espèce qui requiert le plus de réflexion pour remonter aux fondamentaux d'existence du sujet. La démarche d'analyse a de multiples possibilités.

L'analyse de la valeur est une excellente manière d'aborder les fondamentaux du produit. Le fondamental d'existence de la brouette est de permettre à un homme de transporter une charge d'un point à un autre (à distance pédestre…). La charge peut être liquide, meuble ou solide. Le chemin peut être plan, en pente ou cabossé. L'homme doit charger, soulever, transporter, poser, décharger. Ainsi menée, l'analyse de la valeur aboutit à soixante-douze hypothèses de brouettes ayant comme variante la caisse, les poignées, la roue, les dimensions, etc.

Cette étape est la première d'une démarche de design.

Pour le fabricant de brouette, la recherche des signaux faibles va porter sur la consistance des charges à transporter que ce soit par exemple sur les chantiers de constructions ou le jardinage. Il va falloir s'intéresser par exemple à l'évolution de la construction, s'il s'agit de construction neuve ou de réhabilitation, la nature des matériaux utilisés sur ces chantiers, etc. La recherche va aussi porter sur l'homme et la charge, donc l'évolution de la législation, la taille et la force des hommes de chantiers, l'ergonomie des différents mouvements (charger, soulever, transporter, poser, décharger), etc.

La recherche du fondamental est parfois complexe. Par exemple, la raison d'être de la voiture est de déplacer un ou plusieurs individus (maximum cinq), dont un conducteur, avec ou sans charge (volume maximum de ½ m³), d'un point à un autre, on en accepte un amortissement économique sur cinq à huit ans. Quant à l'environnement immédiat, il s'agit de la concurrence automobile et non automobile, de la distribution et la réparation, mais aussi de la circulation automobile et celles d'autres véhicules sur les voies dédiées et l'arrêt.

Crise de la presse ? ou crise de l'information ?

On parle beaucoup de la crise de la presse.

En France, cette crise concerne avant tout la presse quotidienne et, dans cette presse, la presse nationale qui est en fait la presse parisienne. La presse quotidienne régionale souffre moins. Et la comparaison européenne fait dire – ce serait un signal faible – que la France n'a pas de presse trash, de presse de caniveau, comme l'Angleterre ou l'Allemagne, comme ne le fut jamais même *France Soir* parce qu'elle a une culture du Sud où l'on chercherait plus à comprendre, etc., etc., et que la qualité se paie.

Or voici un signal faible : dans les halls d'entrée des universités et écoles post-bac, des piles de journaux offerts gratuitement sont alignés : *Le Monde, Le Figaro, Les Échos, L'Équipe, La Croix, 20 Minutes, Métro*… Les piles des journaux gratuits (*20 Minutes, Métro*) sont les plus rapidement vidées alors que les étudiants sont venus le plus souvent en transports en communs où, dans les grandes villes, les gratuits sont distribués. Soit ce sont les journaux les plus discrets en cours pour lire et faire les jeux, soit ils sont plus adaptés à cette cible. En tous les cas, ils répondent à un besoin. Sans être trash ni de caniveau et en étant gratuit.

Autre signal faible : plus la population rajeunit, moins elle lit de quotidien national.

.../...

Ce ne sont donc pas les signaux faibles de la presse qui nous éclairent sur sa crise d'autant que l'on sent chacun arc-bouté sur ses convictions et son passé. Il faut aller plus loin dans ses fondamentaux pour comprendre cette crise. Car il transparaît que le problème de la crise de la presse parisienne nationale n'est pas dans son prix, il est dans sa forme, dans son contenu rédactionnel, dans son mode de distribution. Il y a donc inadaptation.

Quels sont les fondamentaux de la presse ?

Pour répondre à cette question, nous devons remonter à la source, aux fondamentaux, de la presse.

La presse, c'est l'information. Or, en dix ans, la temporalité – l'instantanéité –, les supports – papier, audio, vidéo, Internet –, les lieux – la poche, le sac, la rue, le bureau, chez soi, le point de consommation – des moyens d'information ont été bousculés.

L'autre fondamental de la presse est le journaliste. Il recueille et transmet l'information sous toutes ses formes : écrite, audio, vidéo. Audio et vidéo ont pris une place grandissante dans l'information. La spécialité du journaliste est-elle définitive ?

Dernier fondamental de l'information : chaque transmetteur d'information s'imagine journaliste sur un blog, sur Twitter, sur Facebook, sur les pages commentaires des médias, par ses courriels, etc.

Donc la presse n'est que l'un des médias et, en dix ans, les journalistes doivent reconsidérer leurs fondamentaux : le métier n'est plus le même, ses fondamentaux, ses références ont changé. Les exigences sont différentes.

Les signaux faibles qu'il va falloir rechercher se feront sur de nouveaux acteurs dont Google n'est que la partie émergée de l'iceberg.

Le produit est aussi un système. *A priori*, un hypermarché est un lieu où se vendent les produits les plus couramment consommés par le consommateur. L'hypermarché développe aussi un talent d'acheteur ou un talent de concepteur de produits si l'on considère les marques de distributeur comme essentielles, ou une propriété immobilière dont la rentabilité d'exploitation peut être supérieure à celle de la vente de produits, etc. Et si l'hypermarché n'était plus considéré comme un lieu ? si le mot même qui le désigne, « hypermarché », nous bloquait dans son appréhension ? et si donc l'hypermarché était d'abord un système visant à satisfaire le désir de consommation du consommateur, serait-il alors une surface de vente ou pourrait-il être par exemple un site Internet ? De toute évidence, le retour aux fondamentaux, à l'essence du sujet, nous aide à lire le sujet de manière différente.

› Le deuxième niveau : l'observation du sujet

Le deuxième niveau de la recherche de signaux faibles est le niveau d'observation du sujet. Il répond à la question : dans quel univers évolue le sujet ? Le sujet a des concurrents qui sont aussi des alternatives. Le sujet de recherche évolue dans un univers qui n'est pas strictement celui de sa nature même d'existence : la banque et l'assurance sont de plus en plus souvent en concurrence directe, le téléphone mobile est devenu le concurrent de l'appareil photo et l'appareil photo concurrence la caméra. Pendant plusieurs années, sans doute jusqu'en 2010 où Kiabi les devance, les principaux vendeurs de vêtements ont été Décathlon et Carrefour et non des points de vente qui semblaient dédiés comme les grands magasins ou les magasins spécialisés. Donc le sujet de recherche des signaux faibles évolue vers un univers plus large que celui imaginé au départ.

La brouette est un élément de la construction ou de la réhabilitation ou un élément du jardinage. L'hypermarché est un élément du commerce, de la ville donc de l'urbanisme. Pour le constructeur d'automobile, le niveau d'observation touche l'entretien et l'assurance du véhicule, les modes de transport alternatifs, la circulation automobile en zone urbaine ou en intercité et bien sûr l'énergie et les matières premières entrant dans la fabrication et le fonctionnement de la voiture.

> Le troisième niveau : le rejet

Derrière l'évidence, des signaux faibles

Depuis 2003 environ, on constate une stagnation puis une baisse du kilomètre parcouru par les automobilistes français mais aussi allemands, anglais, italiens. Spontanément, cette baisse est attribuée à la hausse du prix du pétrole, mais aussi à la croissance des transports collectifs urbains et au vélo, aux transports intercités (trains, TGV, avions).

Ces premières conclusions viennent spontanément, avec évidence, des deux premiers niveaux de recherche des signaux faibles, le sujet et son observation.

Il aurait encore fallu ajouter la saturation du trafic car de nombreux axes routiers sont saturés notamment autour des villes, le vieillissement du parc automobile lié d'ailleurs à la qualité de fabrication des voitures aussi bien qu'à la nécessité d'avoir des voitures de dépannage pour les habitants qui vivent loin des villes, et le vieillissement de la population car plus la population vieillit, moins elle roule d'une part pour des raisons professionnelles et d'autre part par envie.

On aborde ici le troisième niveau de recherche, celui qui ne vient pas spontanément à l'esprit car il est en rupture avec nos références. L'élan dynamique est plus fort que les freins.

Les recherches de signaux faibles sur les deux premiers niveaux, celui du sujet concerné par l'observation, des fondamentaux d'existence et de son environnement immédiat et le niveau d'observation du sujet, sont naturelles. Elles sont souvent du domaine de la veille, du benchmarking ou de l'intelligence économique en tant que recherche de signaux. En tant que signaux faibles, nous nous attacherons à élargir les recherches ainsi que les interprétations.

Le troisième niveau est celui appelé de rejet. Il concerne des sujets dont on ne veut pas entendre parler ou que l'on ignore volontairement ou pas, consciemment ou pas. C'est le niveau le plus difficile à définir puisque par essence il va à l'encontre des convictions de l'acteur économique ou administratif. C'est le refus de s'intéresser à une nouvelle technique, à une petite entreprise, une approche que l'on considère comme éloignée ou qui n'est pas dans la tradition de l'activité.

À côté de l'évidence, le signal faible

En 2006, le classement des téléphones mobiles porte sur les grands fabricants que sont Nokia, Motorola et Samsung.

En février 2010, le classement porte d'abord sur les systèmes d'exploitation qui sont les entrées clé non de la communication téléphonique mais de la consommation d'Internet mobile. Symbian est le leader, suivi de RIM, iPhone OS et Android comme concurrents en forte croissance.

En 2006, le système d'exploitation n'entrait pas dans le choix d'achat d'un téléphone. En 2010, il est un élément déterminant à tel point qu'Apple en 2009 avec son iPhone, tout en vendant quinze fois moins de téléphones que Nokia, gagne plus d'argent que lui. En 2006, le signal faible était très faible…

.../...

> Motorola était l'entreprise la plus préparée au téléphone portable, dès les années 1980, elle était convaincue que la mobilité serait l'avenir. Mais dans les années 1990, elle n'a pas mis à jour sa perception du futur. Nokia a été dans les années 2000 le plus gros vendeur de téléphones mobiles mais il n'a pas perçu la brutalité du virage d'Internet.
>
> Les leaders sont souvent aveuglés par leur succès, comme le fut Microsoft à la fin des années 1990 ne voyant pas – ne voulant pas croire en – le développement fulgurant d'Internet.

Pour le constructeur de voiture, les domaines de rejet sont multiples comme la standardisation de la voiture, la conduite de la voiture par commande extérieure, l'intelligence de la voiture, la disparition de la voiture, etc. En bref, ce sont les fondamentaux d'existence de la voiture qui sont remis en cause comme le conducteur, la possession de la voiture, la durée d'amortissement, etc. D'ailleurs, depuis plus de deux mille ans, la voiture est conçue de la même façon : les chevaux à l'avant et les personnes transportées derrière, assises pour avoir le regard dans le sens de la marche, et les bagages à l'arrière.

Le sujet semble profondément remettre en cause l'existence même de la voiture, et pourtant… Et pourtant, chaque entreprise peut être remise en cause dans son métier. Pour anticiper le marché, il faut naturellement prendre de la hauteur et observer ce qui se passe ailleurs. C'est sur ce troisième niveau que se fera le principal travail de recherche des signaux faibles. C'est un niveau de fureteur, de fouineur, qui va devenir poil à gratter.

Ce n'est pas Apple qui aurait dû créer l'iPhone mais Sony plusieurs années plus tôt. Sony avait la compétence du téléphone que n'avait pas Apple, le contenu en musique, film et bien d'autres sujets. Pourquoi Apple a-t-il créé l'iPhone, pourquoi Sony l'a-t-il peut-être rêvé mais ne l'a-t-il pas fait ? Quel signal a-t-il fait bondir Apple et dormir Sony ? *A posteriori*, les choix sont expliqués. Ce qui intéresse dans les signaux faibles est l'*a priori*, pas l'*a posteriori*.

Le recueil des signaux faibles en pratique

Sur un plan strictement pratique, le signal faible est issu d'une information, d'une lecture, d'un propos entendu. Il a été identifié comme signal faible dès lors qu'il y avait une aspérité, un paradoxe dans l'information qui a apporté une réflexion. Que faut-il faire de ce texte, de cette information ?

› Un travail méthodique

Le relevé des signaux faibles est un travail méthodique et régulier. La méthode à suivre est logique. Chaque information donnant lieu à un signal faible, ou à ce que l'on pense devenir un signal faible, doit :

- être relevée dans sa forme la plus complète. Ce peut être un article découpé, photographié, scanné, relevé sur numérique, un son ou des images enregistrés. Ce peut être simplement une note prise, une photo, une impression, une idée ;
- être « sourcée » c'est-à-dire notée avec l'origine de l'information : support, média, lieu et date. Ce travail de source sera important pour revenir sur l'information ou l'émetteur pour retrouver une ville, un livre, une personne, etc.

Il faut avoir les éléments pour revenir sur le sujet, rechercher d'autres informations, d'autres sources ;

- être classée sur son support usuel de travail qui peut être (de plus en plus rarement papier et/ou) numérique selon le type de classement que l'on souhaite pratiquer. Dans ce livre, nous en proposons trois (chapitre « Classer les signaux faibles », p. 95), il peut y en avoir d'autres ;
- être complétée d'une mise en avant de l'aspérité ou paradoxe qui a fait relever l'information, et des hypothèses émises en tant que signal faible (chapitre « Anticiper les ruptures », p. 133).

Il ne faut pas perdre de vue qu'une information n'a de valeur que si on peut la retrouver et elle n'a d'intérêt que si on a mis en avant son point d'intérêt. Il serait sans intérêt de classer un article, une vidéo, une photo si on ne peut pas savoir pourquoi il a été gardé.

Autrement dit, il faut garder à l'esprit :

- en tant que démarche de signal faible : l'information n'a de valeur que par ce que l'on en tire comme conclusion ou hypothèse sur le futur ;
- le classement des informations donnant lieu à signal faible est d'autant plus efficace que l'on peut retrouver facilement les sources dans les travaux futurs.

> Un travail régulier

Reste que le recueil des signaux faibles est un travail régulier. Il est difficile de se dire un jour « je pars à la cueillette des signaux faibles » une pâquerette au coin des lèvres.

Dans un premier temps, le plus simple est d'avoir sur soi en permanence un petit carnet papier ou numérique (de nombreux téléphones mobiles ont aujourd'hui une fonction « note » ou une fonction enregistrement) sur lequel on pourra prendre des notes à tout moment.

Dans un deuxième temps, il est préférable d'y consacrer un temps régulier hebdomadaire. Selon l'individu, ce peut être quatre heures en une fois, une demi-heure chaque matin, etc. En tout état de cause, ce doit être un exercice régulier. Il ne faut pas compter sur une probable disponibilité non programmée. Le plus simple, voire le minimum, est de se dire par exemple chaque jour en fin de journée : « Quel est le signal faible à retenir de la journée ? » et de s'obliger à en trouver un, un seul. On se rend vite compte que le relevé des signaux faibles, donc le fait de lire ou d'écouter différemment l'information, est un muscle comme celui de la mémoire qui se travaille régulièrement. Et le cerveau entraîné répondra à l'exercice de plus en plus vite. Mais par prudence, il vaudra mieux le noter au plus vite.

Dans un troisième temps, orienter sa recherche c'est favoriser la quête des signaux faibles. Dès lors que l'on travaille sur un sujet précis, l'esprit se met en recherche de manière plus systématique sur le thème, son environnement et… ses rejets ! Le travail régulier sera alors pleinement profitable. D'autant plus profitable qu'on lui aura donné un rythme régulier et évité d'entasser les documents dans un coin de son ordinateur ou de son bureau…

❭ Un travail personnel

La recherche des signaux faibles est un travail très personnel sur deux plans : la détection des signaux faibles est une affaire humaine et non robotisée, la détection des signaux faibles n'est pas figée.

Une affaire humaine

De très nombreux systèmes de veille externalisés recherchent des informations sur des mots sélectionnés. Ce sont les moteurs de recherche ou des entreprises spécialisées. Ces dernières font des recherches plus ciblées que les moteurs aussi bien sur les supports en langue française que sur les autres langues préalablement définies. Ces milliers ou centaines de milliers de supports sont aussi bien des sites Internet, des blogs, des forums, etc. Elles établissent toutes sortes de statistiques sur le nombre d'occurrences des mots sélectionnés, sur les liens avec d'autres mots, sur la nature des émetteurs, etc. Elles prétendent en tirer des tendances, des concepts émergents, des signaux faibles… c'est possible. Elles émettent surtout un état des lieux du passé immédiat, voire d'un futur immédiat. Il s'agit plutôt d'un abus de langage. En fait, elles concluent sur l'état de l'art, sur le sujet dans son état actuel, probablement sur les tendances lourdes, mais pas sur un futur à quelques années et encore moins sur des signaux faibles susceptibles d'aider l'entreprise dans une démarche innovante. Elles font un travail de quête d'information très puissant, de synthèse mathématique de ces informations, mais pas un travail d'analyse, ni de recommandations stratégiques. Ce travail de quête est utile, son analyse mathématique peut avoir quelque intérêt, les recommandations sont plutôt faibles.

Prenons un exemple. Le *cloud computing* intéresse une entreprise. Le *cloud computing* est un ensemble de *data centers*, de centres spécialement conçus pour abriter des serveurs qui stockent les données et les applications d'entreprises hébergées. Ces *data centers* sont nombreux, répartis dans le monde et reliés par Internet. L'ensemble de ces serveurs est donc… un nuage. Ce nuage permet aux entreprises de faire des économies de ressources, elles ne paient que ce qu'elles stockent et utilisent. Ces *data centers* coûtent cher en énergie et Google, IBM, Microsoft, Accenture s'interrogent de savoir s'il faut les mettre au Groënland ou dans les déserts chauds… L'expression *cloud computing* s'est popularisée à partir de 2007. En 2010, les entreprises internationales utilisent le *cloud computing*. En février 2010, Goldman Sachs considère qu'Amazon couvre 77 % des entreprises clientes de ce marché. Il se trouve qu'Amazon, l'un des pionniers du e-commerce et sans doute l'une des plus grosses entreprises de ce marché, a eu l'idée en 2005 ou 2006 de louer une partie de ses ressources informatiques inexploitées. Ce fut le début du *cloud computing*.

Dans cet exemple, si l'on considère que le *cloud computing* est aujourd'hui en 2010 un signal faible, c'est le signal faible de se tenir au courant de ce qui est popularisé depuis 2007. Cela, des robots peuvent le faire. Si l'on considère que le signal faible aurait été de créer le *cloud computing*, cela des robots ne savent pas le faire car entre 2004 où a germé l'idée et 2006 où elle s'est concrétisée, l'expression *cloud computing* n'existait pas. Et les robots n'ont pas l'imagination de l'homme…

Le recueil d'informations peut être robotisé, peut être sous-traité, peut être délégué, mais le recueil des signaux faibles est affaire d'homme. Nous y reviendrons.

Une affaire non figée

L'exemple précédent montre que comprendre le *cloud computing* se fait par une recherche autour d'une expression. Anticiper le *cloud computing* est une affaire différente puisque c'est anticiper quelque chose que l'on ne connaît pas. Anticiper un signal faible est de ce registre. Ce qui n'élimine pas le fait que comprendre un domaine peut permettre de trouver des signaux faibles.

Chercher des signaux faibles n'est pas une affaire figée.

Dans l'exemple précédent, Amazon se découvre une position de leader mondial en *cloud computing* inimaginable il n'y a que trois ans. Parallèlement, son activité de e-commerce bascule au premier trimestre 2010 dans le commerce général, son métier d'origine (livre, musique, jeux vidéo, logiciels, etc.) passant au second plan d'autant que les produits concernés sont dématérialisés, alors que les deux activités connaissent une hausse forte de chiffre d'affaires. La branche commerce général s'est vue propulsé par Zappos, un site de ventes de chaussures sur Internet qui est l'antithèse totale des produits historiques : le produit à essayer, voire retourner, *versus* les produits banalisés et standardisés ! Et le Kindle, tablette numérique de lecture, est le produit le plus vendu d'Amazon et va encourager la vente de livres numériques, encore doit-il résister à l'iPad d'Apple. Si l'on se met à la place de Jeff Bezos, le charismatique P-DG de l'entreprise, on constate que le profil de l'entreprise change rapidement. De 2009 à 2011, Amazon aura suivi une profonde mutation. Son interrogation porte sans doute sur Amazon 2012-2015. Il doit s'interroger sur les signaux faibles à suivre.

La recherche de signaux faibles d'une entreprise, d'un territoire, doit donc se partager entre suivre le cœur de l'entreprise ou du territoire et suivre le vent. C'est cela toute la difficulté de cette recherche… et tout son intérêt !

Dès lors, il faudra aiguiser son attention sans se perdre dans des méandres dont on ne connaît pas l'issue.

Chapitre 5

Classer
les signaux faibles

On se rend vite compte que le recueil des signaux faibles aboutit à une masse d'informations. Selon le travail que l'on accomplit – une recherche générale ou une recherche orientée – il peut y avoir trois types de classement.

Le classement par mots-clés

Un classement rapide, naturel et instinctif est le classement par mot-clé.

Le plus simple est la rubrique dans laquelle a été classée l'information. Tous les journaux l'utilisent. Les radios et les télévisions le font sur leurs sites, les librairies aussi. Mais il faut être prudent, chaque média a ses mots-clés : la presse quotidienne est différente de la presse industrielle, de la presse financière, de la presse alimentaire, de la presse hebdomadaire, etc., chacun a son regard.

Certains médias associent plusieurs mots-clés à une information. Ces mots sont plus ou moins hiérarchisés selon l'importance que l'on donne à telle ou telle information du corps de l'article. Les mots-clés sont souvent utilisés pour caractériser une information dans son repérage ou son rubriquage (*appartenance à une rubrique*). Par exemple, en septembre 2010, un article du *Figaro* sur la résistance aux antibiotiques référençait les mots-clés suivants : antibiotiques, bactéries.

Par commodité, on ne classe une information que dans une seule rubrique à moins que l'on ne dispose d'un système d'information qui permette d'utiliser plusieurs mots-clés.

Si le système semble évident de premiers abords, il se complexifie avec le temps car les rubriques se multiplient et l'on se rend vite compte que certains thèmes échappent totalement au recueil d'information. C'est pourquoi, la méthode DSTEEPP, que nous allons présenter, et qui semble *a priori* plus lourde, est en réalité plus réaliste.

Une recherche générale, le classement DSTEEPP

La recherche générale se fait dans le cadre d'une démarche régulière dans un cabinet spécialisé ou dans une entreprise. Le cadre proposé ici a surtout pour but de ne rien oublier si tant est que *rien* peut avoir une signification. Le sens de ce *rien* est que le signal faible peut venir de toute information et qu'il est donc préférable de faire le moins d'impasse possible.

❯ Les rubriques

DSTEEPP correspond à sept rubriques :
- démographie ;
- sociétal ;
- technologie ;
- économie ;
- environnement ;
- psychologie ;
- politique et international.

Démographie

Cette rubrique est incontournable. Tout commence par l'étude de la démographie que ce soit d'un pays, d'une ville ou d'un marché. La démographie est la photographie d'une population à un moment donné et l'on connaît à peu près son évolution sur les quarante années à venir.

Sociétal

Le domaine sociétal – ou social – est immense puisqu'il définit le citoyen, le travailleur, le consommateur, etc., dans sa vie courante et dans les moments exceptionnels. Cependant, le travail sur les signaux faibles, tout au moins son utilisation, ne relève pas du présent immédiat, de la tendance. Nous ne travaillerons que sur les signaux dont nous pensons qu'ils ont des répercussions sur un futur d'au moins deux ans. Que la mode soit au rouge ou au vert, aux rayures ou aux pois n'a pas d'intérêt pour une projection à deux, cinq ou dix ans.

Le relevé sociétal proposé porte sur quatre grandes familles, des sous-rubriques, elles-mêmes divisées en sous-sous-rubriques : les aspects sociétaux qui gênent, car non conformes aux attentes, les évolutions lentes de la société, les accélérations du moment, les faux amis. Chacun peut imaginer d'autres sous-rubriques.

Technologie

La technologie est un domaine fort en signaux faibles tant les évolutions technologiques sont rapides et influent sur la société, l'économie, la production. Il n'est donc tout simplement pas envisageable de ne pas suivre la technologie. En même temps, on se rend vite compte qu'il est difficile de suivre ce domaine de près tant il est large. S'intéresser à la technologie implique deux démarches, l'une orientée vers la recherche fondamentale ou la recherche appliquée, l'autre fondée sur la création de produits à même de satisfaire les besoins réels ou supposés des consommateurs.

Il faut donc la suivre dans ses centres d'intérêt et dans son évolution globale. Les produits qui réussissent sur le marché n'ont pas toujours été dans la logique des investissements ou des certitudes, comme le fax ou les SMS. Les investissements faits sur les télécommunications depuis 1995 sont sans doute supérieurs à ceux imaginés dans les années précédentes. Et la voiture petite et économe faisait partie majoritaire des études des années 1975-1980.

Il faut aussi suivre les nouveaux produits, reflets de la recherche, des nouvelles technologies et des découvertes des industriels qui cherchent à satisfaire les consommateurs.

Économie

Le choix fait ci-dessous des sous-rubriques économiques est celui des dépenses principales du budget des consommateurs. On peut prendre le budget de l'État ou d'autres divisions selon les besoins exprimés. Cette rubrique reflète l'activité générale du pays et ses flux de produits et de services. C'est une rubrique essentielle, notamment dans son évolution tant nos modes de vie changent.

Environnement

L'environnement est une tendance très lourde aujourd'hui, c'est une réalité qu'il faut prendre en compte. Cette rubrique demande trois lectures, depuis les questions environnementales générales mondiales jusqu'à l'organisation de l'environnement de vie de l'individu en passant par les principales questions agissant sur toutes les composantes de l'environnement.

Un signal faible vieux de près de quarante ans

Le club de Rome réunit principalement des scientifiques et des économistes du monde entier avec pour but d'étudier les conséquences du développement sur les sociétés. Sa première réunion eut lieu à Rome. Son rapport de 1972 *Halte à la croissance ?* le fit connaître dans le monde entier.

Ce signal faible fut très mal perçu et considéré comme exagéré.

Quarante ans plus tard, l'écologie politique est entrée dans toutes les réflexions. La croissance zéro est à l'étude, comme la décroissance.

Un signal faible peut rester faible pendant de longues années…

Psychologie

À l'inverse de la rubrique société qui désigne le groupe, la rubrique psychologie désigne l'individu. La division peut paraître arbitraire, certains sujets se recoupent mais selon les sujets ou les moments, le social peut influencer l'individu comme l'individu peut influencer le social. L'analyse des générations a été classée dans la rubrique « Société ».

Politique et international

La rubrique politique désigne d'une manière générale l'évolution des systèmes politiques mondiaux comme par exemple la question importante de l'évolution de la démocratie dans le monde, des religions, etc., et aussi des États. C'est ici que l'on pourra retrouver les principales puissances mondiales et les ressources en matières premières comme les terres rares.

› Les sous-rubriques

Au travers de ces sept rubriques, tous les sujets sont à peu près couverts. Chacun vérifiera selon son cabinet ou son entreprise si c'est le cas.

Voici un exemple des sept rubriques et de leurs contenus, les sous-rubriques.

Rubriques	Sous-rubriques
Démographie	Évolution générale Natalité Mortalité Nuptialité Migrations
Sociétal	Les tendances lourdes Les accélérations Ce qui gène Les fausses tendances Les générations
Technologie	Formation Recherche Nouvelles technologies Nouveaux produits
Économie	L'habitat La personne L'alimentaire Santé et beauté Loisir et tourisme Déplacement Médias, communication et culture Commerce et distribution Banque et assurance .../...

Environnement	Climat et évolution des espèces
	Climat et évolution des Hommes
	Énergie
	Aménagement du territoire
	Urbanisme
	Transports et déplacements
Psychologie	Le rapport au corps
	Les rituels quotidiens
	Les rapports aux produits
	Les rapports aux autres
	Les rapports aux lieux
	Le temps
	Les craintes
	Les plaisirs
	Le spirituel
	Les valeurs
Politique et international	Les systèmes politiques
	Religion et religiosité
	Violence internationale
	Les États, puissance et influence
	Matières premières

Le nombre de sous-rubriques peut paraître important. Il n'en est rien. On se rendra compte rapidement qu'il faut les multiplier et les diviser en sous-sous-rubriques. Cela peut dépendre de la recherche, des centres d'intérêt, des rencontres.

Sur un plan pratique, ces sous-rubriques sont les dossiers dans lesquels seront transférées les informations qui auront donné lieu à des signaux faibles. On y retrouvera donc l'information, avec ses sources, son intérêt, le signal faible que l'on en a déduit.

Une recherche orientée vers des axes d'anticipation

Une autre méthode est possible plus engagée dans la démarche d'utilisation des signaux faibles. Ceux-ci sont recherchés pour comprendre le passé et préparer l'avenir dans une quête des anticipations possibles, on est donc dans l'*a priori*.

Le premier point, comprendre le passé, peut directement orienter sa propre recherche. Comprendre le passé, comment il s'est construit, est en partie préparer l'avenir. L'histoire d'un domaine explique souvent son présent et aide à comprendre l'avenir. On créera des rubriques orientées vers cet objectif, donc pour comprendre et expliquer ce passé. Ainsi, l'histoire de l'habitat est parallèle à celui de l'urbanisation, à celui de la rurbanisation (l'habitat en périphérie de la ville au sens large).

Le second point, préparer l'avenir, est plus délicat. On a vu qu'il dépendait de tendances lourdes et d'intuition. Les tendances lourdes sont rapidement connues. Si l'on traite de l'alimentation, les tendances lourdes apparaîtront rapidement concernant l'industrialisation de la production agricole, les grands groupes agroalimentaires, l'ouverture au marché international, les produits alimentaires élaborés, le commerce alimentaire de plus en plus concentré, etc. Les tendances lourdes sont comme des évidences. Nous en faisons des rubriques de recherche de signaux faibles. Et puis nous créerons des rubriques de tendances inversées afin de contrarier sa tendance naturelle de recherche de signaux faibles : « l'industrialisation de la production agricole » aura comme rubrique inversée « les petites exploitations artisanales », « les grands groupes agroalimentaires » auront comme rubrique inversée « les PME spécialisées et localisées », etc.

Ainsi, on aura développé des rubriques en tendances lourdes et des rubriques inversées, en contre-pieds. Très rapidement, on se rendra compte que les deux types de rubriques se remplissent toutes seules d'informations fort riches.

Il est important au départ d'avoir retenu suffisamment de tendances lourdes pour bien encadrer le sujet de recherche.

Sur un plan pratique, chaque rubrique sera elle-même divisée en sous-rubriques et comme pour DSTEEPP on y déposera les informations ayant donné source à des signaux faibles.

En général, l'utilité d'un signal faible se trouvera dans la rencontre de plusieurs signaux faibles (voir chapitre suivant). Il conviendra alors de pouvoir remonter aux sources.

Chapitre 6

Faire parler
les signaux faibles

Les signaux faibles ont été successivement cherchés, recueillis et classés. Le travail le plus fastidieux – pour certains – a été accompli. Et à sa lecture on ne peut qu'être modeste. Les signaux faibles que l'on a relevés ou auxquels on a conclu n'ont rien d'absolu, de définitif. Il suffit de continuer ses lectures, d'avoir des échanges avec d'autres personnes pour se rendre compte que le recueil des signaux faibles et leur classement n'ont été qu'une première étape. Ce classement a été la base d'un travail productif et passionnant. Il faut maintenant passer à la seconde étape : comment tirer d'autres conclusions, d'autres idées, d'autres signaux faibles depuis les premiers signaux faibles ? Comment faire parler les signaux faibles ?

Le choc des signaux faibles

Il n'y a pas de recettes de cuisine sans préparation des ingrédients. Le marché a été fait, les signaux ont été recueillis et classés dans des dossiers. Mais les signaux vont commencer à nous échapper, à se confondre, à s'opposer, à s'additionner, à donner naissance eux-mêmes à de nouveaux signaux. C'est ici que les certitudes vont devenir des doutes.

Ne pas perdre de vue les fondamentaux

Chaque dossier a un fondamental d'existence (chapitre « Les différents niveaux de recherche ») d'autant plus que le dossier aura été retenu en fonction d'un sujet de recherche. Ne pas perdre de vue ce fondamental, c'est éviter de se laisser emporter par les recherches, les informations recueillies, les signaux faibles relevés, dans une sorte de logique infernale. Revenir aux fondamentaux, c'est ne pas perdre de vue le réel et l'essentiel du sujet dont le temps a souvent modifié les formes.

S'éloigner du rationalisme

Ce point est en contradiction avec le précédent puisque le premier est avant tout rationnel, c'est le jeu de la démarche. L'intérêt des informations regroupées dans ce dossier est qu'elles vont s'entre-choquer. L'une sera complémentaire ou opposée à l'autre et donc la relecture successive de ces informations avec les signaux faibles relevés va provoquer des idées, donc de nouveaux signaux faibles, de nouvelles interprétations.

> ### « La folie des grandeurs de Google, investisseur dispersé » (*Le Monde*, 30 novembre 2007)
>
> C'était en 2007. Google avait 10 ans. Ses sites servaient 60 % des recherches mondiales sur Internet. Et pour ses 10 ans, Google rejoignait la capitalisation boursière de Nestlé ! Au dernier trimestre 2007, son bénéfice est de 1 milliard de dollars.
>
> Fin novembre, Google annonçait une stratégie de développement de technologie d'énergie renouvelable et de financement de projets de génération électrique propre. Google annonce investir en 2008 plusieurs dizaines de millions de dollars dans la recherche et plusieurs centaines dans des installations.
>
> Pour un moteur de recherche, la démarche est surprenante, apparemment non rationnelle et le titre du *Monde*, logique, est un peu rapide… Le corps de l'article est d'ailleurs particulièrement sévère pour Google : « Google est-il devenu un fond souverain ? », « pour autant, en investissant dans tout et n'importe quoi – des biotechnologies à l'aérospatial –, la société américaine est en danger de se perdre », « et les actionnaires de Google ne souhaitent sans doute pas que Larry Page et les autres dirigeants dilapident leur temps et la trésorerie de Google dans des projets annexes ».   …/…

En octobre 2008, Google annonce le plan « Clean Energy 2030 », un plan orienté vers les « cleantech » ayant comme objectif premier de faire baisser la facture d'électricité de Google et donc d'améliorer sa marge.

En février 2010, Google obtient le statut de distributeur d'électricité aux États-Unis.

L'information de novembre 2007 était donc un signal faible, un signal pouvant être jugé comme iconoclaste, irrationnel.

Se méfier des discours d'experts

Les experts relevés auront donné des informations fondées sur des sujets précis. Et dans le dossier dans lequel l'expertise aura été classée, il apparaîtra rapidement qu'elle était juste dans un contexte donné. Or les interprétations faites dans ce dossier relativise l'expertise, voire la rende décalée. C'est normal. Cette opinion d'expert est là pour provoquer et induire de nouvelles idées. Elle est à relativiser et c'est toute la richesse de l'expert. L'expert est expert d'un sujet et son regard est spécialisé.

Le chaud et le froid

En août 2010, des chercheurs de l'institut de technologie de Géorgie (États-Unis) ont démontré que le réchauffement climatique contribuait à l'évaporation de l'eau qui lorsqu'elle retombe en pluie est plus légère que l'eau salée, donc reste en surface, et si elle tombe en neige, elle renvoie les rayons du soleil donc contribue au refroidissement... Donc le réchauffement contribue au... refroidissement. La démonstration – incomplète ici – est paradoxale mais intéressante car sa logique par ailleurs démontrée relativise d'autres démonstrations.

Dans le domaine des signaux faibles, il faut changer le regard sans savoir lequel est le bon… Il ne faut pas hésiter à demander ou à chercher l'avis d'experts en contradiction.

Privilégier une approche intuitive

Dans ce dossier où les informations auront été recueillies, la plupart des informations sont rationnelles car ce sont les plus simples à juger sérieuses et les plus courantes à recueillir. Ces informations vous entraînent dans une certaine logique. Or il faut laisser aller son esprit, laisser émerger les doutes, noter la petite idée qui jaillit toute seule, ce petit signal faible qui émerge d'on ne sait où. En tout état de cause, le dossier comporte certainement des idées contradictoires qui aident à l'évasion de l'esprit.

(Voir « Anticiper le futur : l'intuition », p. 30.)

« Tout » prendre en compte

En travaillant sur un dossier, celui-ci va déborder et aller vers un autre dossier. Le commerce va vers la commune et donc l'environnement, vers le consommateur et son comportement individuel ou collectif, vers la consommation, ses envies et besoins comme ses contraintes. Le commerce nécessite à « tout » prendre en compte. Or, quand bien même nos esprits essaient d'être le plus logique possible, il y a des ruptures dans cette logique qui obligent à passer d'un dossier à l'autre. Une entreprise qui veut économiser sur son poste de dépense énergie doit engager une réflexion nécessaire sur des sujets aussi inattendus que devenir productrice d'énergie ou s'intéresser à l'habitat de ses salariés et leurs moyens de transport. C'est dans ce mouvement que se situent des signaux faibles inattendus.

(Voir chapitre « Classer les signaux faibles », p. 95.)

Générer des idées créatives

En résumé, le regroupement des informations et des signaux faibles est un formidable terreau d'idées en gestation. Aucune sous-rubrique ou sous-sous-rubrique ne sera parfaite dans sa définition ou dans son contenu. Il ne faut pas s'en inquiéter. Mais les informations qui s'y additionnent et s'y bousculent sont des ferments d'idées créatives pour peu que les sources soient différentes.

Pour prendre la démarche dans un sens inverse, on pourrait dire qu'il ne faut s'intéresser qu'aux sources originelles et en tirer soi-même les conclusions. Or, d'une part, les sources originelles ne sont pas toujours disponibles, ne serait-ce que parce que le donneur d'ordre peut ne pas vouloir les diffuser et leur lecture serait fastidieuse. D'autre part, les conclusions de la source ont en elles-mêmes un intérêt dans le choix que le rédacteur a fait de mettre en avant telle ou telle conclusion. En revanche, ce sont les multiples interprétations d'une même source, donc la lecture qui en est faite une fois que les conclusions ont été tirées, qui aide chacun à percevoir des signaux faibles.

Nous n'avons pas tous les mêmes capacités critiques et créatives, mais chacun a un fort potentiel. La prise en compte de la multiplicité des commentaires sur une même information est une manière simple et rapide d'exercer son esprit critique et sa créativité à partir d'une matière riche.

Stimuler la création

Cette partie propose de faire seul – ou éventuellement à plusieurs – quelques exercices simples de stimulation créative afin d'enrichir les signaux faibles que nous chercherons. Comme dans une séance de créativité, il ne faut pas se censurer. Il ne faut pas juger si ce que l'on imagine est possible, probable ou impossible. On se rendra compte que, par leur répétition régulière, ces exercices donneront à l'esprit plus de souplesse et, par ricochet, de capacité à accepter des idées qui, *a priori*, sont contraires à nos convictions. Passer du baril de pétrole à 400 dollars ou à 35 dollars, se convaincre de la nécessité d'une ville dense ou de la ville à la campagne, ne pas hésiter à imaginer un monde sans voiture ou uniquement avec des voitures… deviennent possibles.

› Relativiser le présent en observant la durée

En général, un signal faible spontané vient d'une information riche et donc réactive.

La première attention à porter à une information recueillie est de la relativiser. Nous vivons dans le monde de l'immédiateté, de l'urgence, de la vitesse, tout va très vite, trop vite. Le temps du trader est en secondes, celui du politique et de sa prochaine élection à cinq ans en moyenne, celui de l'écologiste à plusieurs dizaines d'années. Le piège tendu à l'observateur trop rapide est celui de la courbe ou de la droite que l'on prolonge ce qui est un piège classique. Or ce piège est naturel, spontané, délicat à inverser.

Le signal faible qui intéresse le futur n'est pas tributaire de sauts ayant des répercussions sur quelques jours ou quelques semaines, voire quelques mois. Il faut donc être prudent sur le temps de l'élément que l'on suit.

La volatilité du prix du baril de pétrole

De janvier 2007 à juillet 2008, en dix-huit mois, le pétrole est passé de 50 à 150 dollars le baril. Les paris étaient ouverts sur le baril à 200, voire 250 dollars. En janvier 2009, en six mois, il était à 35 dollars, en mai, à 90 dollars. C'est ce qui s'appelle de la volatilité ! Mais dans ces conditions, comment prévoir des investissements en forage de pétrole lorsque le cours de 80 dollars est nécessaire pour amortir certains puits et comment prévoir les prix des produits dans lesquels le pétrole a une part importante ?

Sur une longue durée, de 1970 à 1990, le pétrole a une longue croissance de 1,80 à 12 dollars le baril avec deux sauts à 40 dollars : 1981, guerre Iran-Irak, et 1990 la guerre du Golfe.

Y a-t-il donc une hausse inéluctable du prix du pétrole ?

Oui, si l'on considère la hausse de la demande et notamment celles de la Chine et de l'Inde qui par ailleurs n'ont pas de ressources pétrolières. Oui, si l'on considère que le *peak oil*, le pic de Hubbert, le moment de bascule où les réserves de pétrole seront plus faibles que ce que l'on a consommé à ce jour, est entre 2015 et 2030.

Non si l'on imagine que la terre peut receler des réserves inconnues sous les pôles par exemple et si le baril est à plus de 80 dollars. Non si l'on imagine que les énergies de substitution comme le nucléaire, le solaire ou l'éolien vont se développer très rapidement.

Il y a un vrai travail de recherche à entamer à ce niveau de perception de l'information : pourquoi l'information est-elle là ? Quel événement l'a-t-il fait pointer ? Qui a produit l'information ? Qu'en est-il du passé ? Comment se comporte ce sujet habituellement ? Quel est son temps de vie ou quelle est la durée de son cycle ? Etc. Ce travail de recherche complète l'information et contribue à la replacer dans son contexte général, dans son temps de vie.

La durée est donc relative à chaque projet. Sur le prix du baril de pétrole, la courbe à regarder doit porter au moins sur dix ans pour diminuer la visibilité des spéculations. Il en est de même pour la plupart des produits alimentaires (lait, beurre, blé, maïs) dont les cours ont été chahutés en 2008 avec des hausses brutales et, en 2009, des baisses moins fortes que les hausses de 2008. Toute considération sur une durée d'un ou deux ans conduit à une grave erreur d'appréciation. Alors sur quelques jours, voire quelques heures…

Le signal faible auquel on pourrait conclure ressemblerait alors à un commentaire de presse à sensation. Effectivement, ce premier exercice de relativisation du présent a pour conséquence de modérer une conclusion trop hâtive.

› Accélérer ou ralentir le présent

Ce deuxième exercice est l'inverse du premier. Celui-ci consiste à accélérer le temps. Le premier exercice a été celui de la sagesse, celui-ci est celui de l'excès. Si chacun est plus ou moins sage, aller dans l'excès est souvent un exercice contre-nature. L'intérêt de l'exercice est justement d'aller dans des excès opposés. Ainsi le GIEC (groupe d'experts intercontinental sur l'évolution du climat) pronostique une hausse des températures de + 1,1 à + 6,4 °C d'ici la fin du siècle, les chercheurs chinois pronostiquent 6 à 8 °C. Travaillons sur + 10 °C mais aussi sur − 2 °C. Il s'agit donc d'exagérer les tendances lourdes, d'aller dans le pur excès, de faire émerger puis de travailler sur les signaux faibles pour aller dans un sens ou dans l'autre. D'ailleurs le – 2 °C est possible dans nos régions si le Gulf Stream s'enfonce et ne réchauffe plus nos côtes, à l'inverse, le + 10 °C est possible si en purifiant l'air les rayons du soleil frappent davantage la terre...

On en arrive à ce curieux constat : même dans les excès, la sagesse reste présente puisqu'un écart de 12 °C, qui est tout de même conséquent, peut être argumenté !

L'exercice présente comme avantage principal d'aller à l'encontre des normes généralement acceptées et ces normes ont été imposées dès l'enseignement de l'école primaire. L'autre avantage est de s'obliger à trouver des arguments dans un sens, celui qui pourrait nous être proche, comme dans l'autre, celui que nous réfutons naturellement. Ce balancement d'un excès à l'autre est riche puisqu'il contraint à trouver un argument et son contre-argument. Ce balancement devient un jeu.

Par exemple, demain tout le monde travaillera en télétravail donc de chez soi ou proche de chez soi ; demain le télétravail n'existera pas ou plus. Chaque option va avoir des conséquences aussi bien sur les relations au travail que sur l'architecture des habitations et l'alimentation ! Chaque entrée thématique conduit sur des chemins inattendus et c'est là que les signaux faibles ont tendance à faire de la génération spontanée ! Et c'est là aussi que l'on retrouve tout l'intérêt du classement des signaux faibles en DSTEEPP puisqu'il va falloir observer de nombreux sujets.

› Demain est l'inverse d'aujourd'hui

Ce troisième exercice est une façon de réinterpréter les deux précédents : le premier était de relativiser le temps, le deuxième de l'accélérer ou de le ralentir. Dans cet exercice de stimulation des signaux faibles, il s'agit d'imaginer systématiquement l'inverse d'aujourd'hui. Il ne s'agit pas d'aller à l'inverse de la tendance lourde qui s'exprime sur un temps nécessairement long. Il s'agit d'imaginer l'inverse de ce qui a fait naître un signal faible. On verra alors si cet opposé, dont il ne faut pas juger la faisabilité, suggère des signaux faibles.

L'inverse de la lutte contre la fraude c'est…

Les fraudes de toutes sortes (entreprises, Sécurité sociale, etc.) ont tendance à se développer. Une association a chiffré en avril 2010 la fraude entre 115 et 200 milliards d'euros pour un coût de lutte de 15 milliards. Plusieurs signaux faibles sont possibles sur une telle information : le coût social et psychologique de la lutte contre la fraude, ou trop de fraudes créent un État déliquescent (il se trouve qu'à la même date, la Grèce avouait un déficit considérable et avait constaté qu'elle était parmi les trois pays les plus corrompus d'Europe), ou trop de lutte contre la fraude amplifie la perception d'un État policier. Ces premiers signaux faibles sont riches d'autant qu'ils sont immédiatement traduits en actions potentielles. L'inverse de ce qui a fait naître un signal faible est par exemple d'imaginer que le concept même de fraude est une erreur. Ce n'est qu'un oubli du supposé fraudeur ou d'un manque de clarté de la victime de la fraude. Dès lors, les signaux faibles qui émergent sont tout autres puisqu'il ne s'agit plus de « traquer » le fraudeur mais la source de la fraude afin de la prévenir.

❭ Prendre le contre-pied de l'expert

Dans toute rubrique ou sous-rubrique, en rassemblant des informations pour dégager des signaux faibles, émerge un ou plusieurs experts du sujet. En règle générale, ils sont très convaincants. Les lire différemment peut contribuer à enrichir nos signaux faibles.

Cet exercice de contre-pied d'expert est sournois puisqu'*a priori* la parole de l'expert serait remise en cause. Il ne s'agit pas de la remise en cause de la compétence de l'expert mais de chercher des démonstrations à contre-courant.

Dans tous les domaines, des experts s'opposent que ce soit sur le climat au travers du GIEC déjà cité, sur la finance, la santé, l'urbanisme, etc. Il est vrai que le politiquement correct rend certains experts plus audibles que d'autres. Et les autres sont un peu oubliés. Il suffit de changer de média ou d'aller vers les rubriques « Controverses » pour trouver les uns ou les autres. L'intérêt est dans la richesse et la rigueur des experts. Si tous les experts de la finance étaient unanimes, la chute de Lehman Brothers le 15 septembre 2008 n'aurait jamais dû avoir lieu ou tout au moins aurait été mieux anticipée. L'économiste Nouriel Roubini avait annoncé le krach dès novembre 2007. Apparemment, il n'y avait pas de nuées d'économistes à ses côtés. Et c'est justement ce qui est intéressant car chaque jour des experts prédisent pour tout sujet des avenirs différents si ce n'est opposés.

Un expert est une parole. L'intérêt est dans la multiplication des expertises. Les débats ouverts dans les médias, sur Internet, dans les livres sont autant de sources pour confronter des opinions opposées d'experts.

Chaque expert a une « entrée » dans son domaine, cette entrée est une forme de vision, de compréhension, de captation des connaissances du domaine. C'est sa spécialité, sa spécificité. Et chaque expert a une méthode, soit mathématique, soit psychologique, soit sociologique, etc. C'est son entrée et sa méthode qui créent la particularité de la logique de sa démonstration. En étudiant les propos de ses contradicteurs, on entendra d'autres expertises ou on relativisera les propos de l'expert clé du domaine.

› Copier/coller

L'exercice se rapproche du *benchmarking* : analyser des pratiques pour s'en inspirer ou retirer le meilleur. Les cas sont multiples.

Les villes-États ou petits États, des exemples à copier

Le succès de Singapour est stupéfiant : ce rocher est devenu un dragon économique asiatique fondé à l'origine sur la formation de sa population. D'autres exemples de ville-états existent ou existaient comme Hong Kong, Macao, Dubaï. À chaque fois, les richesses naturelles sont absentes (ou restreintes pour Dubaï). Seule la localisation est exceptionnelle, à condition de le transformer positivement.

Il existe aussi de petits États, sans matière première, qui ont imaginé une richesse fondée sur la matière grise, la chimie et la pharmacie, la finance, les technologies de pointe, comme la Suisse, le Luxembourg ou Israël. Le point commun de ces États est de rechercher comment améliorer son niveau de vie lorsque l'on n'a pas de richesses naturelles.

À l'inverse, la richesse en matières premières a conduit à leur perte des pays comme le Congo, la Russie, l'Arabie Saoudite à cause des luttes internes et des mafias, l'absence totale de démocratie, de politique sociale. Le cas de Dubaï est intéressant. Avec l'épuisement des réserves de pétrole et de gaz naturel prévu d'ici quelques décennies, Dubaï se lance dans une reconversion de son économie en faveur du commerce et du tourisme de luxe, commercial et d'affaire. En 2010, la ville a bu la tasse, sauvée par son voisin Abu Dhabi.

Dans cet exercice de copier/coller le succès des petits États est très intéressant à copier.

Notez que selon l'institut de management de Lausanne (IMD), Singapour, Hong Kong et la Suisse sont trois des quatre pays les plus compétitifs au monde. Classement publié en mai 2010.

Le succès créatif des nouveaux produits d'Apple voudrait être copié par chacun même si on le sent très lié à un inventeur de génie, Steve Jobs. À l'inverse, le cas de Google est plus ouvert, entièrement accès sur l'innovation et le temps que chaque employé de l'entreprise peut ou doit y consacrer. Ce fut le cas aussi de 3M et il est intéressant de s'interroger pour comprendre pourquoi la méthode qui a fonctionné si longtemps s'est épuisée. La création de produits est sans doute le modèle qui inspire le plus le copier/coller.

Dell : copier/coller/décoller

Dell a été créé en 1984 par Michaël Dell avec une idée forte : construire l'ordinateur à la demande. Le système Dell permet de ne pas avoir de stock et de livrer directement l'entreprise cliente. Les concurrents de l'époque sont IBM, Hewlett Packard, Compaq qui référencent des ordinateurs qui se périment rapidement. En 2001, alors que le PC commence à se banaliser, Dell devient n° 1 mondial et le restera jusqu'en 2007. Le modèle Dell est victorieux.

Le PC devient un objet de consommation courante dans tous les foyers. Sa distribution se banalise. Dell casse son modèle de vente directe et engage sa distribution dans les grandes surfaces alimentaires. En 2007, Dell est surpris par l'engouement pour les portables, 80 % de son chiffre d'affaires est encore réalisé avec les entreprises alors que le grand public est un consommateur quotidien. En 2008, Dell est en retard sur les mini-PC. En 2009, le marché des ordinateurs de bureau s'effondre ; en octobre, Dell devient numéro 3 derrière HP et Acer. En 2010, Dell est en retard sur les smartphones.

Le modèle industriel était adapté à l'entreprise. Il n'a pas su suivre les mutations technologiques et d'utilisation.

Pendant un temps, Dell a été le modèle à copier. Il est intéressant de comprendre son échec actuel pour en tirer les conclusions qui s'imposent.

Dans tous les domaines, il y a des démarches à « benchmarquer » ou à ne surtout pas copier. Dans l'éducation par exemple, la Finlande ou la Corée sont plus inspiratrices que la France. Les rapports venant de France, de l'OCDE, de l'UNESCO, etc., se succèdent pour dénoncer les travers de l'éducation française. En mai 2010, la Cour des comptes note que les dépenses ramenées au nombre d'élèves sont nettement supérieures en France qu'au Japon ou en Finlande où les performances des élèves sont bien meilleures. Il ne s'agit donc pas de moyens mais d'organisation et de gestion.

Le signal faible donnera donc les éléments à copier comme à… décoller.

> Garder un œil critique sur l'information

Nous avons largement insisté sur le contrôle des sources d'information. Dans le cas de cet exercice, il est question de stimuler la création des signaux faibles. Il s'agit de reprendre le signal faible émergé et de retourner à l'information qui en a été la source. Cette source d'information est-elle unique ? cette information a-t-elle été communiquée par d'autres sources ? peut-elle aboutir à d'autres signaux faibles ?

Le simple fait de se poser la question nous aide à revoir d'autres aspects de l'information et donc du signal faible.

Deux récits d'un même événement

L'excellente émission de télévision « Arrêt sur Images » (ASI) est devenue un site Internet : *www.arretsurimages.net*. L'exercice qu'il propose reste le même : vérifier les interprétations des médias. En voici un exemple de mai 2010. ASI relève

.../...

© Groupe Eyrolles

les propos de Philippe Bilger, haut magistrat, sur son blog. Celui-ci compare un passage à tabac/une altercation à Aulnay-sous-Bois entre une conductrice de bus et trois jeunes filles décrite dans *Le Monde* et dans *Le Parisien*. Et de citer Philippe Bilger : « *Le Parisien*, qui ne lésine pas sur les tranches de vie, a au moins l'honnêteté de laisser le cours des choses et la douleur des êtres faire irruption dans son espace sans les dénaturer. Il n'a pas honte du réel, il l'exploite, ce qui n'est pas indigne. *Le Monde* […] sur les registres divers que j'ai évoqués, refuse parfois d'aller droit au but, de toucher le cœur, le cœur de la cible. Ce n'est pas qu'ils aient une répugnance de principe à l'égard de la vérité mais ils ont peur. On ne sait pas ce que le citoyen pourrait en faire. Dans le journalisme pour professionnels, il y a toujours un peu de mépris, un tantinet d'élitisme, la crainte d'un scandale républicain. »

Conclusion (partielle) de Daniel Schneidermann (ASI) : « Mais cher ami magistrat, si je puis me permettre, vous tapez à côté. Ce n'est pas la forme du récit, choisie par *Le Monde*, qui est blâmable. C'est que ce récit est apparemment faux, ou au moins incomplet. Pas trace, dans *Le Monde*, du fait que la conductrice a été frappée à terre, ce qui est davantage qu'un détail. »

D'une manière générale, il est impossible d'avoir une information quelle qu'elle soit parfaitement objective si tant est que ce mot puisse exister. Tout propos tenu, écrit, reflète un choix ne serait-ce que dans la hiérarchie des propos. Cet exercice critique sur l'information est particulièrement nécessaire en cas de certitude trop forte soit après à la lecture de l'information, soit suite au signal faible qui en ressort. Le doute, le questionnement, l'interrogation, sont nécessaires pour capter un autre angle de vue ou une autre interprétation.

› Jouer avec les mots

Jouer avec les mots est une manière de les voir différemment, de rompre les habitudes. Ainsi un magasin est aussi appelé « point de vente ». Quelle différence y a-t-il entre un point de vente et un point d'achat ? Aucune différence si ce n'est que le point de vente est une perception de vendeur et le second une perception d'acheteur. Il s'agit donc tout simplement de points de vue diamétralement opposés et ce sont donc deux regards et deux logiques différentes de circulation et d'achat qui s'opposent.

Le mot *think tank* est bien connu. Il désigne une structure de professionnels, d'experts, etc., qui se réunissent pour réfléchir à un sujet et éventuellement produire des dossiers. On parle de *think tank* politique, sociologique, économique, etc. Le mot *do-tank* apparaît depuis quelques années comme si certains *think tank* avaient eu besoin de passer à l'acte.

Le jeu de mots aide à relativiser ou à amplifier, à rebondir ou à s'ouvrir, trouver des oppositions cachées ou évidentes, etc.

Jouer sur les mots, c'est donc prendre des inverses, des opposés ou des complémentaires. Le jeu de mots est largement utilisé en créativité. Il est facile de prendre son dictionnaire est de chercher l'étymologie, les synonymes, etc.

› Respecter la culture de l'entité

En général, la recherche de signaux faibles se réalise dans le cadre d'une entreprise, d'une administration. Cette entité a un passé, des traditions, une culture. Or les exercices de stimulation créative de signaux faibles ont mis l'esprit sens dessus dessous, comme un culbuto. C'est la richesse et l'intérêt de l'exercice. Il va falloir maintenant reconsidérer plus calmement l'entité.

Ce dernier exercice a pour but de revenir vers la culture de l'entité non pour en reprendre son rythme, ou pour se rassurer de ce qu'elle est devenue aujourd'hui, mais plutôt pour s'interroger et savoir si les signaux faibles repérés peuvent entrer dans la culture de l'entreprise. Autrement dit, il s'agit de chercher une filiation possible avec le passé de l'entité, percevoir si tel ou tel signal faible peut trouver un écho dans l'entreprise, si une écoute est possible ou vouées à l'échec. L'exercice de dénouer tous les fils de la culture de l'entité n'est pas évident. Comment la ville d'Angoulême a-t-elle décidé de devenir capitale de la bande dessinée ? Comment la ville de Saint-Étienne a-t-elle décidé de devenir la capitale du design ? Il est des entreprises, des villes, des régions très ouvertes, d'autres pas. Il peut aussi s'agir de trouver le bon interlocuteur ou le bon porteur de projet, la culture de l'entité se cache parfois dans un homme, une équipe.

Auchan, une culture d'entrepreneurs évidente

Les hypermarchés Auchan sont nés (1961) dans une famille d'entrepreneurs du Nord, les Mulliez qui possédaient alors (1955) les filatures Phildar. Le terme d'entrepreneur prend ici tout son sens dans la culture de l'entreprise. Les Mulliez (il faudrait dire l'association familiale Mulliez) ont toujours encouragé leurs frères, enfants, conjoints, employés, à la prise de risque en créant de nouvelles entités commerciales. Ainsi sont nées Flunch, Décathlon, Kiabi, Norauto, etc., qui sont devenus eux-mêmes des centres de création : Agapes Restauration, Oxylane, Mobivia (2010). Leroy Merlin (Adeo) et Boulanger (HTM) sont des entreprises du Nord non issues à l'origine de la famille et qui ont été achetées.

Les signaux faibles doivent être génétiques chez les Mulliez ! La création y est incessante. L'échec, même s'il n'est pas souhaité, y est possible.

L'écoute et la mise en œuvre de la démarche en fonction du signal faible ne sont pas, loin s'en faut, une garantie de succès. Au bout de cinq mois, en mai 2010, Google a renoncé à ne vendre son smartphone Nexus One que sur Internet. Il a admis que seuls les technophiles l'avaient acheté et que le développement des ventes passerait nécessairement par des revendeurs en magasin. La puissance de sa marque qui est l'un des axes de la culture de Google n'est pas encore à la hauteur de ses ambitions ! Peu importe, cela valait la peine d'essayer surtout si l'on admet assez rapidement son échec pour rebondir d'une manière différente. La culture d'une entreprise évolue avec le temps et elle se regarde ou se construit différemment en fonction du devenir de l'entité.

La culture de l'entité n'est pas nécessairement dans ses actions mais dans sa méthode

Preussag était un groupe allemand de sidérurgie installé dans le bassin de la Ruhr. Voyant son avenir compromis par le déplacement des centres de production, il a fait un choix financier et est devenu le premier groupe mondial de tourisme : TUI. *A priori*, il n'y a pas de lien entre les deux métiers. Et pourtant ce lien existe : l'Allemagne a été longtemps l'un des centres de l'acier mondial et est l'un des pays phare du tourisme organisé dont sont friands ses habitants.

Bouygues est, à l'origine, un groupe de BTP, bâtiments, travaux publics. En 1987, il a pris possession de TF1 alors seconde en audience derrière Antenne 2 à l'occasion de sa privatisation et en a fait la première chaîne européenne de télévision en chiffre d'affaires et en audience. En 2009, le groupe TF1 représente un chiffre d'affaires de 2,36 milliards d'euros dont la régie publicitaire de TF1 représente 61 %, Eurosport 13,5 %, les chaînes thématiques 8,2 %, les droits

.../...

de catalogue et TF1 Vidéo 6,4 %, Téléshopping 4,4 %, etc. Preussag et Bouygues sont deux groupes de culture industrielle qui ont pris un virage vers des services grand public. Et avec succès. Sans doute la culture de rigueur et d'exigence de ces entreprises, les choix de marchés porteurs et la volonté d'en être les leaders avec profits en ont été les moteurs.

En revanche, si TUI prend les virages nécessaires, TF1 semble déraper sur un marché dont il n'aurait pas senti la mutation : en retard sur la TNT, en retard sur Internet, en retard sur les diversifications, une âme qui se délite. Les signaux faibles de la mutation n'ont pas été perçus.

› Dater

Dans ce travail de malaxage des signaux faibles pour les faire parler et faire émerger des idées possibles ou impossibles, il est parfois utile, voire nécessaire de dater l'idée. Une idée possible a peut-être un délai de réalisation de deux à cinq ans, une idée impossible de dix à vingt ans, voire trente ou cinquante ans. Il peut donc s'avérer judicieux d'indiquer un délai de réalisation possible de l'idée. Trois ans, dix ans et vingt ans peuvent bien résumer les dates : trois ans est un délai très proche, un futur immédiat, dix ans est un délai plus long, un futur possible, vingt ans (ou vingt-cinq ans et la date de 2035) est un futur plutôt improbable. Il ne faut surtout pas s'imaginer qu'à cette date, ce qui a été prévu se réalisera à coup sûr, il s'agit de marquer le temps, marquer les étapes.

Dater peut aider pour ne pas rejeter immédiatement une idée née d'un signal faible. Cela permet de rendre possible… ou impossible… l'interprétation du signal faible !

Dater la voiture électrique ou le e-reader c'est anticiper sur le succès ou sur l'échec

La voiture électrique va apparaître d'ici fin 2011, elle est donc dans un futur immédiat. Mais sa présence ne sera significative que lorsqu'elle représentera 10 % du parc automobile, soit trois millions de voitures en France soit 1 à 1,5 fois les ventes annuelles de voitures neuves. Ce pourra être pour dans dix ans, ce qui supposerait 15 % à 20 % des ventes dans dix ans. C'est un futur probable. Quant à un futur improbable, plus de la moitié du parc en voitures électriques, ce serait donc pour dans vingt ans ou 2035. Si ce futur se réalise, c'est tout le comportement de possession, de contrôle et de conduite de la voiture qui va se modifier. Sera-t-il nécessaire en 2035 d'être propriétaire de sa voiture ?

Ce futur serait-il véritablement improbable, voire impossible ?

En 2009, il s'est vendu 3 millions d'e-readers aux États-Unis. Certes, l'objet est relativement léger, remplaçable facilement et peu onéreux. En 2010, Forrester Research mise en mai 2010 sur 6,6 millions de ventes. Ce pourrait être 10 millions, donc une croissance complètement folle. À moins que n'apparaissent des objets de taille intermédiaires entre le téléphone et le e-reader et à moitié prix. Est-ce comme le GPS dont les ventes se sont effondrées en deux ans ? Ou le e-reader va-t-il remplacer l'ordinateur domestique ?

Accélération ou effondrement ?

● ● ● ● ● ● ● ● ● ● ● ● ● ● ● ● ● ● ●

Exercice : l'impressionnisme a-t-il connu des signaux faibles annonciateurs ?

Les signaux faibles sont comme un ensemble de petites lucioles éclairant la nuit et traçant un chemin. À condition d'avoir fait le choix des bonnes lucioles et donc du bon chemin. Et ce choix est personnel… Et l'on ne se rend compte du choix du bon chemin qu'une fois arrivé à bon port. Certains chemins ont existé trop tôt, d'autres trop tard, d'autres étaient tout simplement des impasses.

Tout le monde connaît l'impressionnisme, tant Paris en est la capitale et le musée d'Orsay la locomotive. L'impressionnisme est le mouvement de peinture le plus connu au monde, sinon le seul connu.

Si nous tous, admirateurs sans réserve de l'impressionnisme, avions visité le Salon des refusés de 1863, aurions-nous tous, comme un seul homme, crié au miracle artistique en rejetant sans l'ombre d'une hésitation les œuvres de l'Académie royale de peinture et de sculpture exposées au salon annuel ?

Non, clairement non. Même si le Salon des refusés a été plus visité que le Salon annuel par les voyeurs qui sont venus voir la femme nue peinte dans *Le Déjeuner sur l'herbe* de Manet ou par les moqueurs, il ne semble pas que les premiers impressionnistes (Manet, Monet, Renoir, Pissarro, Degas, Sisley, Cézanne, Berthe Morisot) aient fait soudainement fortune. Le nom d'*impressionnisme* a d'ailleurs pour origine le tableau de Claude Monnet, *Impression soleil levant*, exposé en 1874, ce qui correspond à sa date de naissance officielle.

Cent quarante-sept ans après ce Salon des refusés, il est légitime de s'interroger : pourquoi les impressionnistes – leur peinture – sont-ils apparus à cette époque et si nous avions été des contemporains aurions-nous perçu les signaux faibles annonciateurs de ce Salon des refusés ?

Les historiens et experts de la peinture s'attachent à démontrer que chaque composante de l'impressionnisme existait auparavant : la couleur avec François Boucher, le trait avec Watteau, Delacroix ou Turner, etc. Donc, selon eux, l'apparition de l'impressionnisme était dans la logique de l'évolution de la peinture. Certes. Mais le peintre ne vit pas que dans son atelier ou devant sa toile, il est aussi confronté à un environnement technologique, économique, social qui modifie sa manière de vivre. C'est dans cet environnement qu'apparaissent les signaux faibles d'une nouvelle manière d'envisager la peinture.

> Le recueil des signaux faibles de l'impressionnisme

Dans ce petit exercice, nous recueillons quelques signaux faibles représentatifs de DSTEEPP : démographie, sociétal, technologie, environnemental, économie, psychologique et politique. L'ordre des signaux retenu est celui de leur importance supposée à l'époque.

Signal faible : le cheval-vapeur pour se déplacer et comme révolution industrielle

1769 : James Watt, écossais, commence à produire des moteurs fonctionnant à la vapeur. 1784 : brevet sur une locomotive à vapeur. En retard sur la Grande-Bretagne, la France va développer au XIXe siècle le train à vapeur, le bateau à vapeur, les usines textiles, la métallurgie et la sidérurgie, etc. C'est la révolution industrielle entraînée par une accélération des découvertes et des brevets.

Signal faible : savoir que l'on vit plus longtemps

1815 : René Laennec invente le stéthoscope. La médecine moderne naît avec le siècle en considérant que la mauvaise santé n'est pas une fatalité et que la bonne santé est une réponse sociale à l'industrialisation pour travailler efficacement et pour répondre à la pression des syndicats. La formation des médecins et la pratique en hôpital se modifient dès la naissance de la République. Se laver les mains réduit la mortalité à la naissance dès le milieu du siècle et l'hygiène des soignants limite les transmissions. Il y a donc moins de morts à la naissance et l'on vit plus longtemps. Dans le siècle, la population française passe de trente à quarante millions d'habitants.

Signal faible : la photo, pour emmener dans sa poche un portrait ou un paysage

1827 : Joseph Nicéphore Niepce invente la photographie. En 1839, est inventé le daguerréotype dont la photo demande une pose d'une demi-heure. C'est Nadar dans les années 1850 qui réalise des portraits de personnalités. Et c'est dans l'atelier de Nadar qu'eut lieu en 1874 la première exposition des impressionnistes. De toute évidence la photo influença la peinture par la multiplication des portraits de plus en plus faciles à exécuter et donc à posséder, l'atelier photographique plus accessible que l'atelier du peintre, et la peinture influença la photographie : Nadar fit réduire la taille des appareils pour les emporter plus facilement avec soi comme le peintre emporte son chevalet.

Signal faible : les couleurs jouent entre elles

1839 : Eugène Chevreul, chimiste, rédige la loi du contraste simultané des couleurs. Il démontre son intuition que les couleurs voisines ne réagissent pas selon leurs pigments mais selon leur ton. Les complémentaires s'éclairent entre elles, donc un objet existe par sa couleur voisine complémentaire. C'est l'œil de l'homme qui fera le lien. Le cercle chromatique de Chevreul a inspiré les peintres de l'époque et encore aujourd'hui.

Signal faible : le tube de peinture pour emmener les couleurs avec soi

1841 : John Goffe Rand, artiste américain, dépose un brevet d'un tube et d'une pince permettant de conserver la peinture dans un cylindre en plomb. En 1859, Lefranc, dont les ancêtres tenaient un « commerce de pigments et d'épices », commercialise le tube à fermeture étanche, l'ancêtre du bouchon à pas de vis. Le tube de peinture est né. Grâce à lui, il n'est plus nécessaire de ne peindre qu'en atelier, on peut se rendre avec son chevalet dans la nature, peindre sans attendre que la peinture précédente soit sèche et avec une toile au format adaptée à la mobilité.

Signal faible : les villes croissent rapidement

Démographie. Au début du XIXᵉ siècle, l'Europe vit une période sans guerre. Parallèlement, les progrès de la médecine sont favorables à la baisse des épidémies, on vit plus longtemps. Les famines se font rares. La population connaît une croissance naturelle. La France passe en un siècle de 30 à 40 millions d'habitants, l'espérance de vie passe de trente-cinq à cinquante ans. La révolution industrielle fait grossir les villes.

Signal faible : la bourgeoisie veut imiter la noblesse

1833. Rambuteau, préfet de la Seine, commence à donner aux Parisiens « de l'air, de l'eau, de l'ombre ». Le baron Haussmann à partir de 1853 aura les moyens de cette politique. La nouvelle architecture installe la bourgeoisie dans la ville tandis que les « hôtels » des nobles diminuent. S'il y a moins de châteaux, il y a plus d'appartements prestigieux et de moyens financiers qui permettent de vivre comme les nobles (le mot *snob*, *sine nobilitate*, sans noblesse, aurait pour origine ce constat dans le Royaume-Uni des années 1830).

Signal faible : le développement du commerce

1852 : Aristide Boucicaut, ancien chef de rayon, transforme le magasin créé en 1838 par son associé, et qui compte douze employés, en grand magasin. Même s'il n'a que quelques centaines de mètres carrés, le magasin vend une profusion de marchandises dont les prix sont plus bas que dans le commerce traditionnel, donc une plus forte rotation de la marchandise. C'est le début du commerce moderne. En 1863, le bâtiment fera 52 800 m² et emploiera plus de trois mille personnes.

D'autres signaux...

D'autres signaux faibles auraient pu être relevés dans le domaine strictement politique, dans la philosophie des Lumières et dans le romantisme (environ 1820-1850) et bien sûr dans les querelles des écoles de peintures. Les signaux faibles considérés comme les plus importants sont là.

› Anticiper les ruptures à partir des signaux faibles de l'impressionnisme

Évidemment, l'exercice est facile dans la mesure où nous connaissons la réponse. Mais il est certain qu'en prenant « tout » en compte (l'industrie, l'urbanisme, la démographie, la technologie, etc.), la réponse à la question « si nous avions été des contemporains aurions-nous perçu les signaux faibles annonciateurs avant ce Salon des refusés semble plus évidente qu'à l'époque. Tout se passe comme si les révolutions de 1830 et de 1848, le romantisme (le sentiment contre la raison), la tourmente créative industrielle et scientifique n'avaient pas eu de prise sur la peinture et comme si la peinture académique devait perdurer. Donc oui, il y a un véritable choc des signaux faibles.

La stimulation des signaux faibles se fait surtout grâce à la rencontre des signaux entre eux. Par exemple, si les bourgeois veulent imiter les nobles, ils voudront des portraits d'eux qu'ils feront faire par Nadar, ils voudront accrocher des tableaux sur les murs de leurs appartements moins hauts de plafond que celui des hôtels particuliers et des châteaux, donc des tableaux, moins grands que la peinture académique. Et comme les impressionnistes, devancés par l'école de Barbizon, partent en train pour peindre dans la campagne sur de petits tableaux… Et si la photo demande un temps de pause long (à tel point que les premières photos de Paris montrent des rues vides de population et de transports car en mouvement), l'impressionnisme exprime le réalisme d'un moment saisi sur le vif, le non-conformisme et l'émotion. L'importance grandissante de la bourgeoisie fait que l'on passe d'une peinture de commande à une peinture de l'offre, donc une peinture plus personnelle. Le commerce se développe, aussi le commerce des tableaux – les galeries – ce qui contribue à l'augmentation du nombre des peintres.

En fait, le mouvement impressionniste aurait très certainement pu éclore trente ou quarante ans avant, si l'autoritarisme des institutions successives depuis le début du siècle, voire même sous Louis XV et Louis XVI, leur avait accordé la même liberté d'expression qu'aux gens de lettres.

Chapitre 7

Anticiper les ruptures

Le mode d'emploi des signaux faibles a franchi plusieurs étapes :

- première étape, les signaux faibles ont été recueillis sur le sujet de recherche lui-même, plus en amont sur ses fondamentaux d'existence et sur son environnement immédiat, puis sur l'observation du sujet, enfin sur les thèmes de rejet ;
- la deuxième étape est de classer les signaux faibles ainsi recueillis selon DSTEEPP ou d'autres systèmes de classement ;
- la troisième étape est de faire parler les signaux faibles, une sorte de malaxage des signaux faibles pour en tirer toute la quintessence, les ruptures possibles et/ou impossibles et les dates ou époques de réalisation, signal faible par signal faible ;
- la quatrième étape est donc l'expression et l'organisation de cette quintessence pour en faire ressortir les ruptures.

Imaginons une comparaison : des ingrédients de cuisine ont été recueillis au marché au gré des envies (les signaux faibles) sans savoir quelles recettes vont être préparées ; chacun fera selon son imagination pour organiser des plats (deuxième étape, le classement) et chacun fera ce que ses traditions, son imagination ou des recherches surprenantes lui dicteront de faire (troisième étape : faire parler les signaux faibles). À partir des mêmes ingrédients, plusieurs repas vont être proposés. Ce sont ces repas différents qui sont les ruptures.

Identifier les ruptures issues des signaux faibles

› Rupture et signal faible

Rupture

Poursuivons la comparaison précédente : les repas qui peuvent être nombreux sont différents et ces différences peuvent être regroupées en thèmes culinaires variés : la cuisine crue avec des carpaccios et des salades, la cuisine traditionnelle avec des plats longuement mijotés, la cuisine moderne axée sur le mi-cuit et une présentation très graphique (sans oublier la cuisine moléculaire… ultramoderne !), la cuisine régionale, la cuisine des pays, la cuisine bio, la cuisine rapide, la cuisine économique, voire la cuisine avec un thème de couleur, un thème de forme ou un thème d'odeur, etc. Donc d'un même marché, c'est-à-dire à partir des mêmes ingrédients, on peut créer d'innombrables thèmes de cuisines différents. Et en concluant sur les thèmes du repas, en considérant rétrospectivement les recettes des plats de manière différente, en modifiant des modes de préparation, en retirant tel ou tel ingrédient ou en en ajoutant un autre, en jouant sur la présentation, on colle mieux au thème culinaire. La cuisine aura été créative et de rupture.

La richesse de nos marchés, c'est la richesse des signaux faibles. On se promène en feuilletant un journal, en écoutant la radio ou en regardant la télévision, en flânant dans un salon, en écoutant une conférence, en participant à une discussion, etc. On peut passer à côté d'ingrédients, de signaux, en ne sachant qu'en faire ou en en faisant ce que l'on en fait habituellement, ou au contraire en les transformant autrement que selon nos habitudes.

Bien sûr, il est plus facile et rassurant de rester dans ses habitudes, ses références que d'en changer, que d'aller vers la rupture. Il est plus facile de cuisiner comme sa mère – ou sa grand-mère qui est LA référence familiale – que de changer, comme il est plus facile de rester dans le domaine de son entreprise ou de son entité que de s'en éloigner ou de ne pas quitter son média favori.

Tout est affaire d'inspiration, de suggestion, de création du moment. Cela a été le but des chapitres précédents : comment être créatif au marché dans son observation des étals, comment être créatif avec les signaux [faibles], comment être créatif en rompant d'avec les habitudes ? C'est pourquoi les sites Internet de cuisine proposent des recettes en cherchant quelques noms d'ingrédients, c'est pourquoi la stimulation créative des signaux faibles a contribué à développer des ruptures attendues ou inattendues.

Précision sur la définition du signal faible

D'instinct, on imagine bien que l'intérêt réel des ingrédients trouvés au marché est dans les plats que l'on va préparer et le repas que l'on va en faire. De même l'intérêt des signaux faibles est dans ce que l'on va pouvoir en retirer. Et pour être complet, on pourrait dire que le signal faible est dans cette conclusion plus que dans son repérage. Toute information est source de signaux faibles mais mieux vaut prendre ou choisir une information bien typée.

En effet, nous avions défini les signaux faibles comme « un fait, un événement qui peut paraître paradoxal et qui inspire réflexion… pour imaginer le possible comme l'impossible, se tourner vers le futur tout en recherchant les causes pour les comprendre et aller à l'essence de l'événement ». Dans la première partie de cette définition, nous avions insisté sur le mot « paradoxal » que nous avions retenu comme une aspérité d'information remarquable car elle met en branle un processus mental très rapide, intuitif qui identifie le signal faible, « c'est ce cheminement mental soudain qui fait penser à quelque chose, à quelqu'un, qui nous fait varier notre pensée… Sans savoir pourquoi ». C'est ce quelque chose, ce quelqu'un, qui va être ou provoquer le contenu du signal faible, non pas en tant qu'information mais en tant qu'exploitation du signal faible : le signal faible n'est pas l'information, contrairement à ce que l'on imagine couramment, mais ce que l'on en fait, ce que l'on en exploite, en anticipe.

L'information a déclenché une intuition et c'est cette intuition qui fait de l'information un signal faible.

Thèmes d'anticipation

La méthode proposée enrichit notre intuition en la développant et ainsi enrichit la rupture, l'anticipation. Et ceci parce cette méthode propose entre autres de développer l'opinion inverse à cette anticipation. Notre intuition va donc développer plusieurs thèmes d'anticipation de manière complètement inattendue.

> **La consommation des légumes :**
> **thèmes d'anticipation en vrac**
>
> Nous avions vu plus haut que la consommation des légumes frais baissait car, selon les médias, ils étaient trop chers. Plusieurs thèmes d'anticipation ont été évoqués ou sont possibles :
>
> - l'approche générationnelle : en effet, plus on est jeune, moins on consomme de légumes frais, peu importe le prix… ;
>
> .../...

- les modes alimentaires : la consommation des produits alimentaires élaborés progresse pour des raisons de temps d'achat et de préparation, de prix, de variété, de lieu de consommation… donc on consomme moins à domicile, lieu de consommation par excellence des légumes frais ;
- la conservation des aliments : la maturation des produits et leur conservation au froid augmentent leur durée de vie, mais diminuent leurs avantages santé et leur goût et par ricochet leur durée de vie hors froid ;
- la distribution : les marchés traditionnels voient leur part diminuer à 6 %-8 %, les grandes surfaces sont axées sur la quantité et donc sur l'industrialisation de leur processus de la production à la vente au consommateur final ;
- l'aspect des produits est trop régulier pour sensibiliser à une identité forte du produit. L'Union européenne a récemment autorisé les légumes non parfaits de forme !
- la variété des produits : la mondialisation des échanges favorise des produits nouveaux à consommation inconnue, préparés plus commodément de manière industrielle ;
- la santé : la consommation de légumes (et de fruits) est recommandée, cet aliment est de plus en plus considéré comme un complément alimentaire.

Si les thèmes culinaires évoqués semblent abordables pour le lecteur, il en est de même des thèmes d'anticipation. En retournant dans le classement des signaux faibles, en relisant toutes ces ruptures possibles et impossibles qui ont été notées, il y a des thèmes qui sont récurrents. Il va donc falloir les classer.

Exemple : classer les ruptures des énergies carbones

Les énergies carbones reviennent fréquemment dans les signaux faibles ne serait-ce que parce qu'elles sont souvent à la une de l'actualité.

Si l'on reprend les rubriques et sous-rubriques de DSTEEPP, les énergies carbones font partie des thèmes d'anticipation communs à ces sujets d'organisation qui vont apparaître.

Les énergies carbones se retrouvent classées dans plusieurs rubriques et sous-rubriques de DSTEEPP. Ce sujet se retrouve principalement en technologie (recherche, nouvelles technologies, nouveaux produits) en économie (habitat, loisir et tourisme, déplacement, commerce et distribution), en environnement (climat, énergie, aménagement du territoire, urbanisme, transports et déplacements), en politique et international (systèmes politiques, violence internationale, États, matières premières). De manière moins directe, les énergies carbones auront des conséquences sur les rubriques et sous-rubriques relatives à la démographie, les comportements sociologiques, l'économie (alimentation, santé et beauté, médias, communication et culture), les impacts psychologiques des individus. Le thème des énergies carbones est clairement récurrent dans de très nombreux sujets.

Parmi les différents signaux faibles relevés il y aura eu des ruptures émises concernant la disponibilité des énergies (voire les menaces de rupture d'approvisionnement), le prix (qui est volatile selon différents critères comme la croissance industrielle ou un accident de production – golfe du Mexique, Nigeria), la localisation des énergies carbones selon que la disponibilité est sans fin (sous le pôle Nord) ou devient rare (puits très profonds), que le prix baisse ou monte, que la localisation suscite des fermetures de frontières ou pas (Russie, Irak, Iran, Venezuela, etc.), etc. Mais on aura aussi relevé des signaux faibles concernant la substitution des énergies carbones (bois, algues, etc.), des découvertes technologiques (charbon liquide), leur impact sur l'environnement (schistes bitumineux du Canada-Alberta), etc.   .../...

> Dès lors, les regroupements des ruptures par thème de rupture ou thème d'anticipation sont aussi bien relatifs à l'énergie carbone toujours disponible, l'énergie carbone touchant à la fin de sa disponibilité, la taxe carbone, les nouvelles possibilités des énergies carbones, etc., autant de thèmes directement issus de rubriques et sous-rubriques et de ce malaxage d'idées. La richesse créative des thèmes est inépuisable et va dans des sens contraires ce qui fait tout son intérêt. Par exemple, à ce jour, il n'y a pas de réponses définitives sur le fait que le pic de Hubbert (le moment où la quantité de pétrole à exploiter sera inférieure à la quantité exploitée) a été atteint ou est dépassé ou est encore devant nous. Les contraires existent et cohabitent dans les thèmes d'anticipation. C'est ce qui fait leur richesse

› Certitudes, tendances lourdes, ruptures et dates

On est là pleinement dans la richesse des signaux faibles : leur exploitation relève avant tout d'une multitude d'interrogations. Ces interrogations seront regroupées en :

- certitudes ;
- tendances lourdes ;
- ruptures.

Les certitudes concernent des temps très courts, en général inférieurs à trois ans, dont tous les éléments convergents pour qu'il n'y ait aucun doute. Dans l'exemple des énergies carbones, nous avons la certitude que ces énergies sont dominantes parmi les sources d'énergie au moins pour les trois années à venir, si ce n'est pour les dix à quinze années à venir. En effet, les énergies de remplacement (dont l'hydraulique et le nucléaire pour la quasi-totalité) sont en quantités trop faibles à ce jour, de l'ordre de 6 % à 8 % du total des énergies consommées dans le monde. Les énergies dites renouvelables (bois, biomasse, solaire, éolien, etc.) sont au niveau mondial de l'ordre de moins du pourcentage. Les 15 % en Allemagne (2008), l'un des pays les plus développés sur le sujet, sont l'exception.

Les tendances lourdes sont des quasi-certitudes sur des délais de trois à cinq ans dont nous avons vu qu'il fallait se méfier. Le travail de stimulation créative devrait avoir soumis les tendances lourdes à rudes épreuves en les remettant en cause. Pour les énergies carbones, il y a tendances lourdes de diminution de disponibilité (les découvertes diminuent) et d'économie de consommation (tout pays qui se développe consomme de moins en moins d'énergie pour produire son PIB, c'est l'intensité énergétique d'un pays). Il s'agit bien d'une tendance lourde, pas d'une certitude, mais globalement cette tendance lourde est quasi certaine.

Enfin les interrogations les plus intéressantes concernent les ruptures puisqu'elles nourriront les interrogations à dix ou vingt ans. Et dès lors qu'il y a interrogation, il y a prise de position à prendre, donc choix. La démarche créative mise en œuvre a induit plusieurs types de ruptures :

- les ruptures possibles ;
- les ruptures probables ;
- les ruptures improbables ;
- les ruptures haïssables.

La rupture possible doit être envisagée car elle a de fortes chances de se réaliser (la rupture certaine est classée dans les certitudes, la rupture naturelle se retrouvera dans les tendances lourdes). Par exemple, si le prix du tabac monte, sa consommation baisse. On est là dans une quasi-certitude.

La rupture probable connaît un taux plus faible de faisabilité que la rupture possible. On est là dans un niveau de subtilité que certains apprécient. Par exemple : si le prix du tabac monte, la consommation baisse… à court terme, puis reprend. On a là un léger doute.

La rupture improbable bascule dans le rare. On entre dans le contestable. Il s'agit fréquemment d'une rupture inscrite par nécessité et relativement à une certitude ou à une tendance lourde : il est couramment admis que… l'inverse serait… Par exemple, l'interdiction de fumer dans les lieux publics en France était attendue avec certitude comme une révolution difficile à faire admettre, l'inverse – l'acceptation du jour au lendemain – était perçu comme improbable. Et pourtant, l'improbable fonctionne… On est là dans une rupture improbable qui s'est réalisée et ouvre à de nouveaux horizons de thèmes d'anticipation.

La rupture haïssable relève du registre de l'improbable et du non-souhaitable ou du non-envisageable. La rupture haïssable est par exemple la fin brutale (en quelques années) du pétrole, ou la hausse brutale des températures de nos régions (plus un degré par décennie), ou le développement sous la contrainte financière de la collocation en France, etc. Ces ruptures ne sont pas du domaine de la futurologie (vivre sur une autre planète, transports aériens individuels, alimentation en pastille, etc.), mais du domaine de l'anticipation possible, même si elle n'est pas souhaitée !

Rupture haïssable : la viande *in vitro*

La viande est aujourd'hui contestée : on ne mange que quelques parties des volailles, les bovins consomment beaucoup d'eau et de céréales, les peuples riches mangent trop de viandes, etc. Bref, pour soigner et préserver la Terre et l'homme, mangeons moins de viande… À moins que…

…/…

À moins que l'on ne crée une viande en quantité et qualité contrôlées donc qui protège la nature, saine donc qui protège l'Homme. Cette viande, c'est la viande *in vitro*, fabriquée en laboratoire à partir d'une cellule.

Rupture haïssable s'il en est !

Et pourtant, cette rupture haïssable a été évoquée en plaisantant par Winston Churchill soi-même en 1932 et est à l'étude notamment aux Pays-Bas, avec le premier consortium « Viande *in vitro* » créé en 2004. Le haïssable est relatif… et n'est pas aussi loin qu'on l'imagine.

Ce classement des signaux faibles entre les différentes ruptures nous fera réagir par proximité de signaux dans une même catégorie de ruptures et nous fera retourner vers les hypothèses émises pour pousser encore plus loin les ruptures dans le sens du possible/probable et dans le sens de l'improbable/haïssable. Cela confortera la richesse créative de l'interprétation des signaux faibles.

Les nuances entre les ruptures possibles, probables, improbables, haïssables

Le pic de Hubbert mentionné plus haut pour le pétrole est possible pour 2040 (dans trente ans !), plus probable pour 2030 (dans vingt ans), en rupture improbable pour 2020 (dans dix ans… seulement), en rupture haïssable pour 2015 (c'est aujourd'hui). Pourquoi serait-ce une rupture haïssable ? Parce qu'elle n'est vraiment pas souhaitable ni même imaginable tant nous ne sommes pas prêts à imaginer que des réserves de pétrole en diminution puissent provoquer une hausse immédiate de l'or noir.

.../...

Peut-on pour autant mentionner cette rupture haïssable ? Oui, si l'on considère que les réserves de pétrole sont un immense jeu de poker entre les compagnies et les États où se trouvent les exploitations : les compagnies ont intérêt à laisser imaginer qu'elles découvrent sans arrêt du pétrole pour valoriser leurs concessions. Oui aussi car les explorations ne remplacent pas les réserves. Oui parce que les derniè-res découvertes majeures de réserve de pétrole datent des années 1970 (Mexique, il y a trente-cinq ans). Oui enfin car la consommation des pays dits « émergents » augmente chaque année de plus de 1,1 million de barils/jour (près de 40 millions en 2009) ce qui est considérable pour une production de 80 à 90 millions (estimée à 86,6 en 2010).

Classer ces ruptures

Pour classer les signaux faibles recueillis, le premier classement proposé était celui par mots-clés, le deuxième était DSTEEPP, le troisième était de créer des axes d'anticipation pour comprendre le passé et préparer l'avenir. Les deux premiers classements sont des classements de recueil autour d'entrées logiques de l'information. Le troisième classement – axes d'anticipation essentiellement fondés sur les tendances lourdes et leurs inverses – rejoint celui qui est décrit dans ce chapitre. Comment classer ces différentes ruptures, depuis les certitudes et les tendances lourdes qui ne sont pas des ruptures, jusqu'aux ruptures haïssables ?

Il ne s'agit plus de trouver des signaux faibles, il s'agit de les utiliser. Par exemple concernant la baisse de la consommation des légumes, les thèmes d'anticipation portent sur les ruptures émises sur le potentiel : l'approche des consommateurs, les modes alimentaires, la conservation des aliments, la distribution des légumes, les nouvelles variétés de légumes, la santé, etc.

Le signal faible relevé est en réalité un simple constat, ce sont les thèmes d'anticipation qui sont en fait les signaux faibles que l'on retire de ce constat. On appelle « signal faible » ce constat, alors que les signaux faibles sont en fait les thèmes d'anticipation retenus.

Anticiper sur la ville

La ville est un univers complexe. La ville désigne bien sûr l'urbanisme, les collectivités locales, la politique locale, etc., mais aussi ses composantes liées à l'organisation de l'urbanisme dont les transports, les activités de l'homme dont le commerce, les études, le travail, les loisirs, la santé, etc., et aussi ce qui est lié à l'aménagement régional, aux autres villes, à l'environnement, etc. La ville est donc un sujet particulièrement vaste et, par la méthode du DSTEEPP, toutes les rubriques et sous-rubriques ou presque s'y retrouvent.

Des signaux faibles – des constats – sont recueillis sur les transports, l'habitat, le commerce, la démographie, l'environnement, la santé, la formation, etc. Ces signaux faibles ont manifesté des ruptures par exemple concernant les transports : des transports urbains collectifs plus denses ou au contraire des transports collectifs très individualisés ou une liberté totale des transports personnels ou seuls des transports propres en centre-ville, etc. Encore faut-il imaginer les ruptures de l'habitat comme un habitat densifié à l'extrême (la ville sous forme de tours de cinquante étages par exemple) ou éclaté en différents pôles concentrés ou systématiquement mixé à l'emploi ou orienté sur un mixage social ou

.../...

sur un mixage générationnel ou… Une ville en hauteur ou une ville plate a des impacts différents sur les transports. Et l'on peut continuer avec le commerce dont la question sera : vaut-il mieux déplacer dix mille personnes vers un point de vente livré par de gros moyens de transport ou mille personnes vers dix points de vente livrés par de petits moyens de transport ? Vaut-il mieux 100 000 m² de commerces en un lieu avec un choix très large ou dix petits centres commerciaux plus proches et avec un choix réduit ? Et l'on peut continuer d'analyser la démographie, l'environnement, l'emploi, le savoir, les loisirs, etc.

On voit bien que chaque composante de la ville – transports, habitat, commerce, etc. – qui aura été dotée de mots-clés par les sources d'information aura développé des thèmes d'anticipation très riches, variés et contradictoires. On peut tirer les conclusions des ruptures aux extrêmes : la ville verticale semble une aberration sociale mais une bonne solution environnementale puisque les distances sont proches et les transports les plus réduits et collectivisés possibles. New York est ainsi une ville très écologique lorsque l'on ramène le carbone consommé à la personne. La ville par collines est plus vivable que la ville plate. Etc.

Les mots-clés du recueil d'information sont complétés de thèmes d'anticipation.

On comprend bien que la complexité des signaux faibles vient alors du fait qu'un constat relevé, un « signal faible », a été classé en amont dans une rubrique, une sous-rubrique, etc. : comment classer les thèmes d'anticipation ? Si le rubriquage a été quasi naturel car inspiré des médias, les thèmes d'anticipation sont particulièrement larges car d'un constat émergent au moins deux signaux faibles. L'aval des thèmes d'anticipation s'ouvre de manière plus large que les constats en amont. Et ces thèmes sont mouvants, ils vont évoluer en fonction des recherches et des apports créatifs, en fonction des centres d'intérêt du moment, en fonction d'autres constats paradoxaux. Ils vont surtout évoluer en fonction des centres d'intérêts du développeur des signaux faibles en fonction de thèmes d'anticipation majeurs, de thèmes réactifs, et de thèmes mineurs qui ont moins d'intérêt et moins de conséquences.

Ces thèmes d'anticipation seront classés par catégorie puis par sous-catégorie. Ces catégories expriment la potentialité future du signal faible.

Ainsi par exemple, une information sur le climat, un constat, ira naturellement dans une fiche introduite dans cette rubrique. Mais l'information nous mènera vers un ou plusieurs thèmes d'anticipation qui peuvent être le réchauffement climatique, le refroidissement climatique, le débat sur le climat, les conséquences des changements climatiques, les énergies, le développement durable, le bio, etc. Ce sont ces thèmes qui pour certains aspects peuvent être quasi sans fin qui font la richesse des signaux faibles et qui seront reportés soit sur le constat – comme on y aura éventuellement mentionné les mots-clés – soit en créant un document sur la catégorie ciblée.

Anticiper sur la puissance chinoise

Depuis plusieurs années (1979, Deng Xiaoping aux Chinois : « Enrichissez-vous »), la Chine voit sa puissance économique et militaire grandir. Le 23 juillet 2010, *Le Figaro* sous le titre « Pékin veut étendre sa souveraineté maritime au sud » détaille : « Il y a quelques semaines, elle [la mer de Chine méridionale] a pour la première fois été élevée au rang

...*/...*

"d'intérêt vital" par les dirigeants de Pékin, dans le sillage de Taïwan, du Tibet et du Xinjiang. Ce qui signifie, en clair, que Pékin ne souffrira désormais aucun compromis sur le sujet. »

Cette décision concerne directement les voisins de la Chine : Vietnam, Malaisie, Brunei et Indonésie, à plusieurs centaines de kilomètres des côtes sud chinoises notamment autour des archipels des Spartleys (inhabitées) et des Paracels. Cette zone est intéressante pour la pêche et ses potentialités de richesse en pétrole et gaz naturel, mais pas seulement…

Le Figaro a donné comme mots-clés à l'article : mer de Chine méridionale, souveraineté maritime, Chine.

Ces mots-clés sont exacts en tant que constat. Mais en tant que signaux faibles, donc en thèmes d'anticipation induits par ce constat, les catégories à désigner sont autres. Au premier niveau : expansion territoriale chinoise, la Chine et ses voisins, Chine et puissance militaire, Chine et relations internationales, les zones à risque de conflits, etc. Au second niveau : Chine et pêche, Chine et alimentation, Chine et énergie carbone, etc.

Les catégories des thèmes d'anticipation induisent une lecture différente de l'information.

La différence entre « rubrique » et « catégorie » peut paraître subtile. Le premier mot – du latin signifiant titre en rouge – fait référence à la presse, à l'information en général. Le second – du grec signifiant accuser, attribuer, classer – fait référence au classement, au regroupement d'idées et donc des idées potentiellement induites par l'information reçue.

Chapitre 8

Organiser l'entreprise pour les signaux faibles

Toute méthode nouvelle rencontre quelques difficultés à s'installer dans les organisations de travail ou de réflexion. Il en est ainsi des signaux faibles.

. . . .

Signaux faibles et entreprise

Une démarche loin d'être anecdotique

Les signaux faibles aident à comprendre le passé, interpréter le présent, donner des éléments pour imaginer l'avenir.

C'est un travail de recueil d'informations, de réflexion, de création, d'intuition. C'est un travail sans fin tant les formes, les moments, les lieux, sont variés, tant les vérifications historiques, le sujet étudié et les sujets adjacents ou opposés sont sans limites ; c'est aussi un travail tout en… finesse, car faire parler les signaux faibles pour en tirer les ruptures est un travail créatif permanent. C'est un travail méthodique, régulier et humain qui demande du temps. Et l'intérêt des signaux faibles n'est pas dans leur recueil mais bien dans l'interprétation qui est faite de l'information.

Ce travail a donc un intérêt certain pour toute entité curieuse de son avenir. Il doit être accepté comme la phase préparatoire indispensable.

Ce n'est donc pas un travail anecdotique, un travail « en plus » d'un individu si talentueux soit-il mais une mission authentique d'un individu ou d'une équipe.

Une démarche nouvelle dans l'entreprise

Ce travail de recueil et d'analyse des signaux faibles est donc une démarche nouvelle pour l'entreprise – avoir une antenne tournée vers l'extérieur, vers l'Autre – les études, la recherche et développement, la veille, l'intelligence économique, l'innovation, etc. Cette antenne doit aussi être tournée vers toutes les activités de l'entreprise, de l'organisation à la finance, de la méthode au marketing, des achats à la vente.

Comme la prose de M. Jourdain, ce travail se fait déjà, mais de manière disparate, séquencée, et surtout sans faire parler les signaux faibles pour en structurer le travail de mise au jour des ruptures. Dès lors que ce travail est organisé, il faut lui trouver sa place dans l'entreprise.

Son rattachement le plus simple et le plus naturel est auprès de la direction de la prospective, elle-même rattachée à la direction générale. En effet, il s'agit de soulever des hypothèses dans tous les domaines, sans limitation, sans imaginer leur faisabilité ou infaisabilité quel que soit le délai. Ce travail ne s'inscrit pas dans l'opérationnel ; ce champ d'action – préparer le futur – a été délaissé pendant de nombreuses années par les entreprises – voire par l'État. On est dans le domaine du remue-méninges, du poil à gratter, auquel on ne donne pas d'objectifs de rentabilité mais dont on exige une vigilance permanente.

Le *low-cost* a été enterré plusieurs fois, et pourtant !

Les méthodes de travail différentes et qui réussissent ne plaisent pas beaucoup aux entreprises en place. Et elles le font savoir.

Le 28 janvier 2004, Ryanair annonçait une baisse prévisible de ses résultats de 10 %. Selon le porte-parole de l'entreprise, « il y a une pression considérable sur les tarifs et la rentabilité, car beaucoup de compagnies déficitaires s'efforcent d'être concurrentielles pour survivre ». Le jour même l'action perdait un tiers de sa valeur. Et on pouvait lire dans la presse : « Le modèle économique de Ryanair est remis en question. »

En janvier 2010, les projections prédisent qu'en fin 2010, Ryanair dépassera Air France-KLM en nombre de passagers, il en transporte deux fois plus que British Airways. « Nombre de passagers » n'est pas « chiffre d'affaires »... En janvier 2010, Japan Airlines, une entreprise phare du transport aérien comme le fut Swissair, est mis en faillite. Air France-KLM et British Airways enregistrent des pertes record alors que Ryanair est la plus rentable des compagnies européennes pour l'exercice 2009-2010 avec 305 millions d'euros de bénéfice net.

Les signaux faibles émis par le low-cost sont régulièrement refoulés.

- En termes de signaux faibles, 2004 décrivait un changement de modèle économique du transport aérien. La réaction des marchés et de la presse était sans doute téléguidée pour le nier... 2010 confirme.

- En 2004 le low-cost n'avait pas bonne presse, comme le hard-discount en distribution alimentaire, et pourtant ce modèle économique s'est répandu à tous les marchés et à de nombreux pays dits « émergents ». Il couvre de 10 à 30 % – voire plus en distribution alimentaire en Allemagne – des marchés où il est présent. Aujourd'hui, le modèle économique est reconnu, voire envié et copié.

.../...

- La méthode de travail des signaux faibles évite de tomber dans le piège de la lecture au sens premier de l'article puisqu'elle recommande de prendre systématiquement le contre-pied du propos.
- Ainsi, la mise en place d'une cellule signaux faibles renforce l'esprit d'analyse et l'esprit critique du travail sur les signaux faibles.

Le travail des signaux faibles se porte aussi bien sur le constat et l'historique que sur la projection sur 2015 sinon 2035 tant sur les marchés que sur les méthodes. Il évite l'enfermement dans le sensationnalisme.

Organiser le travail sur les signaux faibles

Pour que le travail sur les signaux faibles – que l'on pourrait appeler *intelligence collective anticipatoire* – soit efficace, il faut à sa tête une personne qui y consacre au moins son mi-temps sinon son plein-temps. Elle saura s'entourer de profils complémentaires et différents au sein de la direction ainsi que d'« esprits libres » dans d'autres secteurs de l'entreprise. Un « esprit libre » est une personne qui fait bien son travail mais qui a tendance à refuser trop de responsabilités pour s'intéresser non seulement à son domaine d'activité mais aussi à des domaines totalement différents, qu'ils soient développés au sein de l'entreprise ou à l'extérieur. Cette cellule « signaux faibles » a donc un animateur et selon les disponibilités et les budgets une ou plusieurs personnes complémentaires à temps plus ou moins complet.

L'homogénéisation des supports est propre à chaque entreprise et système d'information. En tout état de cause, il faut sur le support commun retrouver l'information, la source, les mots-clés de rubrique, les thèmes d'anticipation et leurs catégories.

Le rythme de travail est régulier pour les entrées d'information introduites sur des supports homogénéisés. Ce rythme régulier est indispensable afin que les réactions et les notes complémentaires puissent être introduites efficacement sur les supports et afin de donner un rythme d'échanges régulier de sorte que la comparaison des notes entre elles enrichisse les signaux faibles émis. La rencontre doit être bien préparée, ne pas être trop longue (deux ou trois heures), laisser chacun s'exprimer, la créativité émerger et donc ne pas être négative. La périodicité de la rencontre doit être mensuelle afin de s'assurer de la lecture régulière des supports papier les plus courants. Il est préférable que le rythme du recueil d'entrée d'information sur les supports et le temps de réaction soit hebdomadaire afin par exemple d'effectuer les entrées au plus tard le vendredi et pouvoir réagir dès le lundi.

Enfin, ce groupe de travail signaux faibles ne doit pas être fermé. Bien au contraire, il doit être ouvert à de nouveaux entrants comme il peut y avoir des sortants. La curiosité sur les résultats obtenus peut attirer. Le travail long et régulier peut paraître fastidieux pour certains qui abandonneront. Le nouvel entrant aura été initié aux recueils des signaux faibles. Dans le cas où les candidats se feraient rares, cela signifierait que le travail effectué est méconnu. Il faudrait alors solliciter la curiosité, par exemple à l'heure du café après le déjeuner, en proposant un espace pour réagir aux informations recueillies. Ce groupe d'intelligence collective peut avoir ponctuellement des invités, avec le but de faire participer ou découvrir tel ou tel département de l'entreprise. Pour être efficace, le groupe de rencontre ne dépassera pas dix personnes afin d'être certain d'être huit à chaque réunion d'échanges.

Que faire du travail sur les signaux faibles ?

Plusieurs hypothèses cohabitent quant à l'utilisation du travail sur les signaux faibles. Mais il faut être prudent, la matière fournie par les signaux faibles est une matière brute. Il ne faut pas la diffuser de… manière brute, elle serait incomprise, voire dénigrée. Les demandeurs doivent en être prévenus. Plusieurs hypothèses sont envisageables :

- l'interlocuteur privilégié du groupe de travail souhaite un compte rendu régulier. Une synthèse peut lui être présentée en une heure chaque six ou huit semaines. La régularité est importante. L'interlocuteur peut demander des thèmes d'anticipations suivis. La réaction de l'interlocuteur aux signaux faibles fournis selon les thèmes peut par réaction lui faire demander de suivre d'autres thèmes. C'est le lot de ce travail !
- le travail sert de base de réflexion à des groupes de créativité dans l'entreprise soit en création de produits, soit en R&D, soit en marketing. Il faut prévoir des réunions d'une demi-journée, partagée en deux tiers de présentation, un tiers d'échanges. Une réunion trop courte nuirait au travail. Il faut évidemment bien intégrer le travail réactif qui va être fourni, comme dans une séance de créativité ;
- l'interlocuteur privilégié souhaite des recommandations. Il faut donc transformer les signaux faibles en approche prospective, ce qui est une autre étape, au-delà des thèmes d'anticipation des signaux faibles.

Le travail sur les signaux faibles est une étape du travail, pas un aboutissement. L'étape suivante est la prospective.

Introduire de la créativité « augmentée » dans l'entreprise

Le mode d'emploi des signaux faibles s'achève ici. Comment recueillir des informations et en retirer la quintessence, les ruptures, les thèmes d'anticipation… les signaux faibles ?

Les signaux faibles donnent une nouvelle dimension à la vision de l'entreprise ou de l'entité concernée.

D'une part ce travail fait sortir l'entreprise du simple constat. Il lui donne une dimension autre, un recul, une hauteur, une distance, qui lui permet de mieux percevoir l'entreprise elle-même – c'est l'entreprise en trois dimensions – mais aussi le marché, la concurrence actuelle et potentielle, et surtout ce que l'on veut ignorer du marché habituel en identifiant un marché futur, souvent inhabituel – c'est l'entreprise en quatre dimensions.

Le match Microsoft-Apple-Google : 2D-3D-4D

En mai 2010, Apple (créé en 1976) a rattrapé Microsoft (créé en 1975) en capitalisation boursière. Vers le quatrième trimestre 2010, Apple devrait rattraper Microsoft en chiffre d'affaires autour de 62/64 milliards de dollars. Le premier a plus de trésorerie que le second (45 milliards de dollars contre 38,4). Cela fait d'Apple une entreprise d'une dimension extraordinaire au sens originel du terme. Les deux entreprises sont parmi les plus prestigieuses et enviées du marché tant elles sont exceptionnelles.

Il y a de très nombreux signaux faibles autour du fait qu'Apple ait rattrapé Microsoft qui peuvent néanmoins laisser envisager plusieurs ruptures, plusieurs thèmes d'anticipation.

.../...

Notamment, l'un d'eux est relatif au manque de distance dans la vision de ces marques : chacune repose sur très peu de produits : l'iPhone pour le premier avec son écosystème économique de App Sore appliqué sur iPad, Windows et Office pour le second, les autres diversifications (jeux, téléphones portables et services Internet) restent mineures. Apple a les moyens de sa croissance certainement pour les cinq ans à venir. Microsoft n'a pas su, à ce jour, trouver de nouveau modèle économique en dehors de ses produits historiques.

Dans le même ordre d'idée de rupture, Google (créé en 1998) modifie rapidement ses sources de revenus, à 95 % par la publicité en 2006, 66 % par ses sites en 2010. Son modèle économique est dans une formidable spirale opérationnelle de recherches et innovations dont la vision dans le temps est « sans limite », tout au moins à plus de cinq ans : moteur de recherche instantané, applications bureautiques, réseaux sociaux, géolocalisation, système d'exploitation de terminaux mobiles (et applications) et convergence avec la télévision, producteur et vendeur d'énergie (dont géothermie, solaire, éolien), comparateurs de prix, téléphone gratuit sur Internet, etc.

Microsoft est une entreprise 2D avec un modèle économique mis à mal ; Apple une entreprise 3D grâce à l'exploitation d'un écosystème qui profite à ses autres produits (Mac) et lui donne une visibilité à cinq ans ; Google une entreprise 4D dont le modèle économique évolue sans cesse en devenant régulièrement le nouvel acteur dominant de nouveaux marchés.

Comment de telles entreprises dont chacun peut être jaloux en sont-elles arrivées à avoir un avenir si caricaturalement opposé ?

Microsoft semble englué dans une gestion de ses actifs (nouveau Windows, nouvel Office) et un manque d'audace dans ses innovations.

…/…

Si la méthode Apple a du succès, il convient de dire qu'elle est liée à la personnalité et à l'intuition géniale de son fondateur et patron actuel : Steve Jobs.

La méthode Google est au contraire fondée sur la créativité encouragée des salariés dans un cadre de travail radicalement novateur et un cinquième du temps de travail dédié à la créativité de projets autonomes. Google va jusqu'à racheter des entreprises d'anciens salariés, dont les projets n'auraient pas été reconnus en interne. Google se caractérise en reconnaissant rapidement ses erreurs. Ainsi, le téléphone Nexus One vendu uniquement sur Internet depuis janvier 2010, a été retiré de la vente exclusivement *via* Internet en mai 2010.

La méthode de travail de Google est proche de celle des signaux faibles : ne pas hésiter à tester de nouveaux territoires de développement, y compris avec vision lointaine, encouragés par des systèmes collaboratifs.

D'autre part ce travail donne à l'entreprise ou à l'entité la perception du temps. La vision à dix ans ou à vingt ans ne semble plus du domaine de l'impossible. La compréhension du passé sur un temps long est acquise. La compréhension du futur l'est aussi. Ce travail permet de voir au-delà du changement d'époque que nous vivons, sans en avoir des certitudes évidemment sinon ce serait de la prophétie ou de la voyance, ce travail ouvre aux ruptures possibles ou impossibles, probables ou haïssables. Il y a d'ailleurs un inconfort à cela, car la vision donnée est nettement plus instable, les convictions ont été ébranlées, les possibilités de futurs se sont multipliées. C'est une quatrième dimension.

L'écrivain et la quatrième dimension du signal faible

À la rentrée littéraire de septembre 2010, Amélie Nothomb, *Une forme de vie* (Albin Michel), explique la genèse de son ouvrage : « La genèse de ce livre est un petit article lu en février 2009 à Philadelphie sur une épidémie d'obésité dans l'armée américaine basée en Irak. Cela m'a intriguée, et a fermenté dans mon esprit. Comme je passe une grande partie de ma vie dans ce bureau à recevoir du courrier, j'ai imaginé, pour en parler, que ce type m'écrivait » (*L'Express*, 25 août 2010). Et l'on sait que le GI sabote l'armée de l'intérieur.

On est bien dans le cadre de la lecture d'une information perçue comme paradoxale, dont l'écrivain a fait parler le signal faible pour aller jusqu'à mettre en scène une rupture improbable, voire haïssable.

En dehors du simple constat, le signal faible a été exploité dans une démarche « de quatrième dimension ».

Certes l'expression est audacieuse, mais notre vision quotidienne est souvent en 2D, en deux dimensions, le nez dans le guidon, poussé par le marché, tiré par la concurrence : je produis, je vends, je produis. En prenant de la hauteur pour mieux se situer sur le ou les marchés qui l'entourent, la vision de l'entreprise passe en 3D. Mon produit n'est plus en concurrence frontale avec le marché, il en est l'initiateur. En déplaçant cette vision, cette compréhension, dans le temps, donc en anticipant avec le risque d'erreur, on entre bien non dans la réalité augmentée qui pourrait être unique mais dans la créativité augmentée qui nous ouvre aux possibilités multiples puisque l'entreprise se déplace dans des temps possibles, probables, improbables, voire haïssables. On est effectivement non dans la réalité qui serait figée mais dans la créativité qui ouvre l'esprit, c'est la 4D.

Conclusion

Au « bouclage » de ce livre, l'éruption du volcan indonésien Sinabung pour la première fois depuis quatre cents ans, le 29 août 2010, a été notée par tous les médias. L'éruption du volcan islandais le 22 mars 2010 n'avait intéressé à peu près que l'AFP. Pourtant trois semaines plus tard, son explosion bloquait le ciel aérien européen pendant une semaine. Le signal faible du 22 mars est devenu un signal fort le 29 août. Pourtant le 29 août, nul ne sait si cette éruption aura des conséquences soit sur le trafic aérien régional soit sur la température terrestre comme le Laki (Islande, 1783) dont le gigantesque nuage de cendre avait refroidi la terre, notamment en Europe, pendant deux ou trois années en stoppant le rayonnement du soleil.

Cette information est un signal faible, un événement qui peut paraître paradoxal et inspire réflexion.

Le sens commun veut que les signaux faibles aident à anticiper les actions futures. Ce qui signifierait qu'il suffit de capter des signaux faibles, donc des informations paradoxales, pour prévenir le futur. Or la réciproque n'est pas la règle : les actions futures n'auront pas été toutes anticipées par des signaux faibles.

En revanche, la méthode exposée dans ce livre – recueil et classement des signaux faibles, interprétation, extrapolation jusqu'à imaginer des ruptures –, aide l'entreprise à anticiper la plupart des actions futures.

Au passage, on notera que les signaux faibles ne sont pas tant les informations ou les faits eux-mêmes, que les interprétations que l'on en fait. C'est lorsque l'on fait parler les signaux faibles et que l'on anticipe les ruptures que l'information recueillie au départ a été un signal faible. Au départ il ne s'agit que d'une information, elle ne peut être qualifiée de signal faible qu'en fonction de son utilité et de son utilisation.

Il y a donc tout un travail de recherche en amont qui dépend d'un état d'esprit curieux, ouvert et critique. Et si l'intuition est le meilleur moteur de cette recherche, la méthode décrite est rigoureuse, formatrice. Le travail sur les signaux faibles ne se fait pas le nez en l'air ni avec un ordinateur qui mouline des mots-clés ! Le dernier chapitre décrit comment une entité (entreprise, administration, etc.) peut intégrer les signaux faibles dans sa méthode de travail.

Les signaux faibles induisent des thèmes d'anticipation qui vont alimenter les ruptures stratégiques possibles, probables, improbables ou haïssables de l'entité. Ils conduiront à établir des approches prospectives propres à aider l'entreprise à confirmer sa stratégie. C'est l'étape suivante, celle de la prospective.

Les signaux faibles sont indispensables à cette démarche prospective. Ils en sont la première étape et contribuent à faire entrer l'entreprise, grâce à une créativité « augmentée », dans la quatrième dimension, celle qui intègre véritablement le temps comme facteur d'avance sur ses concurrents.

Mise en pages : Facompo – Lisieux

www.ingramcontent.com/pod-product-compliance
Lightning Source LLC
Chambersburg PA
CBHW061318220326
41599CB00026B/4938